Herausgeber: Andreas Blank, Dr. Hans Hahn, Helge Meyer

Autoren: Heinz Hagel, Dr. Hans Hahn, Jörg Kazmierczak, Helge Meyer, Ingo Schaub, Christian Schmidt

Ausbildung im Groß- und Außenhandel

Materialienband

Band 3

2. Auflage

Bestellnummer 10036

Bildungsverlag EINS

■ Haben Sie Anregungen oder Kritikpunkte zu diesem Produkt?
Dann senden Sie eine E-Mail an 10036_002@bv-1.de
Autoren und Verlag freuen sich auf Ihre Rückmeldung.

Vorwort

Der vorliegende Materialienband enthält die Lösungen zu allen Aufgaben des Lehrbuches **„Ausbildung im Groß- und Außenhandel" – Band 3, Bestellnummer 10035**. Zudem beinhaltet der Band folgende zusätzliche Informationen für die Hand des Lehrers:

■ Zu einem Lernfeld liegen eine handlungsorientierte Unterrichtsskizze (geplanter Stundenverlauf) und Lernsituationen bei.

■ Zu einigen Abschnitten sind zusätzliche Materialien vorhanden.

Die Verfasser

www.bildungsverlag1.de

Bildungsverlag EINS GmbH
Sieglarer Straße 2, 53842 Troisdorf

ISBN 978-3-427-**10036**-2

Inhaltsverzeichnis

Bildquellenverzeichnis
Umschlag:
MEV Verlag GmbH, Augsburg

Innenteil:
Erich Schmidt Verlag GmbH & Co., Berlin, S. 30, 34, 36
dpa-infografik GmbH, Hamburg, S. 15, 25
MEV Verlag GmbH, Augsburg, S. 7

1 Das Marketing als zentrale Unternehmensaufgabe verstehen

Lehrbuch Seiten 17, 18

Handlungssituation

■ Quelle: http://de.wikipedia.org/wiki/Portal:Wirtschaft – Abruf am 16.03.2009 sowie DUDEN

Transaktion	Eine Transaktion ist in der Wirtschaft eine gegenseitige Übertragung von Gütern und Dienstleistungen.
singulär	vereinzelt vorkommend, einzigartig
Fokus	Brennpunkt, zentraler Punkt
Relationship-Marketing	Das Beziehungsmarketing oder englisch Relationship-Marketing widmet sich dem Auf- und Ausbau langfristiger Kundenbeziehungen, die für den Anbieter des Produkts bzw. der Dienstleistung profitabel sein sollen.
Loyalität	Loyalität (von franz: Treue) bezeichnet das Festhalten an getroffenen Vereinbarungen, das Einhalten von Gesetzesvorschriften oder die Treue gegenüber einer Autorität. Synonyme für Loyalität sind: Anstand, Fairness, Gesetzestreue, Rechtschaffenheit, Redlichkeit, Regierungstreue, Staatstreue, (Vertrags-)Treue, Zuverlässigkeit. Loyalität wird auch im Sinne von Markentreue, das heißt der Treue eines Kunden zu einem bestimmten Produkt, verwendet.

■ Das Beziehungsmarketing legt besonderes Gewicht auf den Ausbau und die Festigung von bestehenden Geschäftsbeziehungen. Ziel sind zufriedene Kunden, die sich an das Unternehmen gebunden fühlen und ihm treu bleiben. Eine gefestigte und auf gegenseitiges Vertrauen basierende Geschäftsbeziehung ist stabiler gegenüber „Angriffen" von Mitbewerbern. Dazu ist es nötig, den Kontakt (auch in auftragsschwachen Zeiten) aufrechtzuerhalten und zu pflegen, sodass die Kundenerwartungen nicht nur in wirtschaftlichen Fragen (z. B. durch Verhandlungen nach dem Win-win-Prinzip) sondern auch in Bezug auf den sozialen Kontakt erfüllt werden. Diese Schwerpunktverlagerung fußt auf der gesicherten Erkenntnis, dass die Kundenbindung durch Kundenpflege wirtschaftlich sinnvoller ist als Marketingbemühungen zur Neukundengewinnung.

■ Individuelle Lösungen.
Die Schülerergebnisse sollten in die Erkenntnis münden, dass nahezu alle Prozesse in einem Unternehmen sich mehr oder weniger direkt auf Kundenerwartungen und -wünsche zurückführen lassen. So können auch sämtliche Maßnahmen zur Prozessoptimierung oder auch zur Kostenreduktion als Reaktion auf den Kundenwunsch nach geringen Preisen interpretiert werden. Gleichwohl sollte deutlich werden, dass die Erfüllung von Kundenwünschen und das Marketing das Ziel der Gewinnoptimierung verfolgen.

Lehrbuch Seite 23

1 Marketing bedeutet, dass sich sämtliche unternehmerischen Entscheidungen an Marktdaten und vermuteten Marktentwicklungen orientieren. Insofern wird das Marketing nicht ausschließlich im Zuge der Absatzwirtschaft eingesetzt, sondern auch in den Bereichen Beschaffung, Personal und Finanzen. Die Grundpfeiler der Marketingarbeit, Kundenorientierung und Wettbewerbsorientierung, finden sich in allen betrieblichen Bereichen.

2 Käufermarkt: Das Angebot ist größer als die Nachfrage.
Verkäufermarkt: Die Nachfrage ist größer als das Angebot.
Auf Käufermärkten müssen intensive Marketingaktivitäten unternommen werden, um Kunden zu gewinnen und zu halten.

3 Individuelle Lösungen.
Wesentlich ist die Unterscheidung zwischen Wettbewerbs- und Kundenorientierung.

4 Individuelle Lösungen.

2 Die Marktforschung als Grundlage von Marketingentscheidungen nutzen

Lehrbuch Seite 23

Handlungssituation
■ Individuelle Lösung.
Hier geht es nicht um die korrekte Verwendung der einzuführenden fachdidaktischen Begriffe. Vielmehr sollen die Schülerinnen und Schüler einzelne Elemente der Marktforschung in einen sinnvollen Lösungs- und Handlungszusammenhang bringen.

Beispiel
Durch die Auswertung der Daten im Warenwirtschaftssystem (WWS) kann die Primus GmbH erkennen, in welchen Warengruppen die Umsatzrückgänge besonders deutlich ausfallen und wie es um die Höhe der Erträge steht. Ausgehend von der Analyse der Daten des WWS können weitere Maßnahmen eingeleitet werden. Zum Beispiel können

■ Außendienstmitarbeiter bzw. Mitarbeiter des Verkaufs befragt werden;
■ Branchenvergleichszahlen analysiert werden. Diese werden von Kammern und Verbänden geliefert;
■ das Einkaufsverhalten einzelner Kunden oder von Kundengruppen untersucht werden;
■ die Konkurrenz beobachtet und analysiert werden;
■ Kunden befragt werden;
■ usw.

■ Individuelle Lösung.
Beispiel

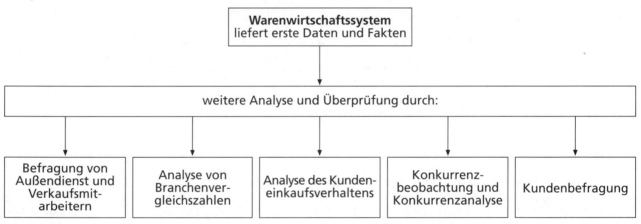

Lehrbuch Seiten 35, 36

1

Primärerhebung	
Vorteile	Nachteile
■ aktuelle Daten ■ kann genau auf die Zwecke abgestimmt werden	■ oftmals teuer ■ zeitintensiv ■ zum Teil hoher Organisationsaufwand

Sekundärerhebung	
Vorteile	Nachteile
■ schnelle Verfügbarkeit ■ kostengünstig ■ vorhandene Daten können mehrmals sinnvoll genutzt werden ■ einige Daten (z. B. Bevölkerungsstatistik) kann der Betrieb nicht selber erheben	■ Daten passen nicht immer genau ■ die Daten müssen oftmals aufbereitet werden ■ Aktualität ist nicht immer gegeben ■ Such-/Rechercheaufwand ■ auch die Mitbewerber haben oftmals Zugriff auf diese Daten

2 Insbesondere durch das Internet kann man zunächst auf zahlreiche vorhandene Daten zurückgreifen. Dabei handelt es sich ausschließlich um betriebsexterne Daten. So können Informationen über Mitbewerber eingeholt werden (Sortiment, Werbung, Veröffentlichungen von Geschäftsberichten, usw.). Zudem können amtliche Statistiken recherchiert werden und Publikationen von Verbänden, Fachautoren und Behörden zu zahlreichen Sachthemen abgerufen werden. Dies bedarf jedoch in allen Fällen der genauen Suche und kann zeitaufwendig sein. Zudem besteht die Gefahr, dass das eingestellte Material nicht in allen Fällen aktuell ist oder erst für die gewünschten Zwecke aufbereitet werden muss.

3 Die **Marktanalyse** ist zeitpunktorientiert. Hier werden zu einem bestimmten Zeitpunkt bestimmte Einflussfaktoren auf den Markt ermittelt.

Die **Marktbeobachtung** hingegen ist zeitraumorientiert. Hier wird die Entwicklung eines Marktes über einen Zeitraum untersucht. Dabei sollen Trends und Entwicklungen festgestellt werden.

Aus der **Marktanalyse** und der Marktbeobachtung lässt sich die **Marktprognose** ableiten. Diese ist zukunftsorientiert und soll Aussagen über künftige Marktsituationen ermöglichen.

4 a)

Mögliche Befragungsarten			
Mündlich	Schriftlich	Telefonisch	Online – computergestützt
mündlich	**schriftlich**	**telefonisch**	**online – computergestützt**

Begründung: schülerindividuelle Lösung; wichtig ist, dass in der Begründung ein Bezug zu den betrieblichen Gegebenheiten hergestellt wird.

b) Für den Aufbau eines Fragebogens empfiehlt sich die folgende Struktur:

Einleitungstext
Kurze Einführung in das Thema und Anleitung, die beim Ausfüllen hilfreich ist.

Eisbrecher oder Eröffnungsfrage
Soll zum Thema hinführen und den Kontakt zum Interviewer stärken.

Einbau von Filterfragen
Filterfragen grenzen Erhebungsbereiche für einzelne Befragungsgruppen voneinander ab und helfen somit überflüssige Fragen zu vermeiden.

Fragethemen im Hauptteil infrageblöcke aufteilen
Fragen zu gleichen oder verwandten Themen sind in Blöcke zusammenzufassen.

Fragen zur Person
Soziodemografische Daten gehören eher an den Schluss eines Fragebogens.

Dank
Dank für die Beantwortung der Fragen zum Ausdruck bringen.

c) Individuelle Lösung.
   Mögliches Beispiel für einen Fragebogen zur Kundenzufriedenheit:

   Sehr geehrte Kundin, sehr geehrter Kunde!

   Es freut uns, dass Sie unsere Leistungen und Angebote in Anspruch nehmen und wir Sie zu unseren Kunden zählen dürfen. Wir überprüfen systematisch den Grad der Zufriedenheit der Kunden über unsere angebotenen Artikel sowie über unseren Service. Deshalb möchten wir gerne von Ihnen wissen, wie Sie uns beurteilen und was Sie von unseren Angeboten und unserem Service halten. Wenn Sie sich eine Meinung gebildet haben, würden wir uns über die Zusendung des Fragebogens sehr freuen.

   Herzlichen Dank für Ihre Hilfe!   *Sonja Primus*

Bitte die Antwort senden an:
Primus GmbH
Koloniestraße 2–4
47057 Duisburg
oder per Fax: 0203 4453698

Ihre Beurteilung:
Bewerten Sie von/bis: 0–1
0 (keine Erfahrung/Leistung nicht in Anspruch genommen) – 1 (hervorragend) – 2 (sehr gut) – 3 (gut) – 4 (ausreichend) – 5 (mangelhaft) – 6 (ungenügend)

	0	1	2	3	4	5	6
Wie zufrieden sind Sie generell mit den angebotenen Artikeln in unserer Warengruppe „Verbrauch"?	☐	☐	☐	☐	☐	☐	☐
Wie beurteilen Sie die Verarbeitung und die Qualität der Artikel dieser Warengruppe?	☐	☐	☐	☐	☐	☐	☐
Wie zufrieden sind Sie mit der angebotenen Auswahl innerhalb der Warengruppe „Verbrauch"?	☐	☐	☐	☐	☐	☐	☐
Wie zufrieden sind Sie mit dem angebotenen Preis-Leistungs-Verhältnis?	☐	☐	☐	☐	☐	☐	☐
Fühlen Sie sich durch unsere Kundenmailings ausreichend informiert?	☐	☐	☐	☐	☐	☐	☐
Sind Sie mit unserer Lieferzeit zufrieden?	☐	☐	☐	☐	☐	☐	☐
Wurden die vereinbarten Liefertermine eingehalten?	☐	☐	☐	☐	☐	☐	☐
Erhielten Sie bei Problemen schnelle Unterstützung?	☐	☐	☐	☐	☐	☐	☐
Wie empfinden Sie die Servicefreundlichkeit?	☐	☐	☐	☐	☐	☐	☐
Werden Sie von unseren Verkaufsmitarbeitern ordentlich betreut?	☐	☐	☐	☐	☐	☐	☐
Wie bewerten Sie die Beratungskompetenz unserer Mitarbeiter?	☐	☐	☐	☐	☐	☐	☐
Würden Sie bei weiteren Beschaffungen der Primus GmbH (1) oder einem anderen Anbieter (6) den Vorzug geben?	☐	☐	☐	☐	☐	☐	☐

Vorschläge, Wünsche und Empfehlungen an die Primus GmbH:

Sonstige Anmerkungen:

Diese Informationen wurden übermittelt von:

Firma: _____

Kontaktperson: _____

Fachbereich: _____

Telefon: _____

E-Mail-Adresse: _____

Vielen Dank für Ihre Unterstützung!

d) Inviduelle Lösungen, die in Partnerarbeit zu klären sind.
e) Mögliche Antworten:
- In einem Anschreiben um Rückmeldung bitten und die Sinnhaftigkeit sowie den Nutzen der Befragung darlegen
- Anreize durch kleine Präsente
- die 50 ersten Rücksendungen nehmen an einer Verlosung attraktiver Preise teil.

5 Teil 1 der Aufgabe: Die Verkaufsmitarbeiter beobachten gezielt, wie die Kunden bei der Vorlage bestimmter Artikel reagieren.
- Wie reagieren Kunden auf Sonderaufbauten und Displays?
- Wie viele Anfragen, Bestellungen erfolgen auf ein Kundenmailing?
- Welche Laufwege nutzen Kunden in Verkaufsboutiquen?
- usw.

Individuelle Lösung, **Teil 2 der Aufgabe:**
Als Tenor sollte sich jedoch eindeutig ergeben, dass auch kleinere und mittlere Groß- und Außenhändler darauf angewiesen sind, eine Kunden-, Konkurrenz- und Marktanalyse durchzuführen. Nur so können Marktentwicklungen erfasst werden, um in der Folge die absatzpolitischen Instrumente entsprechend abzustimmen.

3 Strategisches Marketing betreiben und eine Absatzplanung durchführen

Lehrbuch Seite 36

Handlungssituation

- Insbesondere für größere Unternehmen mit der Betonung der langfristigen Sicherung des Erfolges, ist das strategische Marketing von besonderer Bedeutung. Aber auch kurz- und mittelfristig haben strategische Marketingentscheidungen Einfluss, da sie die „Richtschnur" für den Einsatz und die Kombination der absatzpolitischen Instrumente sind. Insofern hat das strategische Marketing eine Lenkungsfunktion.
- Individuelle Lösungen.
  Die Abbildung im Lehrbuch auf S. 37 kann als Tafelbild genutzt werden, in dem die Schülerantworten als Beispiele den beiden Spalten zugeordnet werden.
- Individuelle Lösungen.
  Wesentlich ist, dass unterschiedliche Kriterien zur Segmentierung herangezogen werden können.

Lehrbuch Seite 40

1 a)–c)
Individuelle Lösungen.
Im Anschluss an den Vortrag sollte ein Feedback erfolgen. Dieses sollte den Regeln für ein konstruktives Feedback folgen und sich an den Kriterien für eine gelungene Präsentation (siehe Band 1 Lernfeld 1) orientieren.

2 Die Zielerreichung der Absatzplanung wird regelmäßig (täglich, wöchentlich, monatlich usw.) mit den Instrumenten des Absatzcontrollings überprüft. Insofern dient dieser Arbeitsauftrag als Ausblick auf Inhalte späterer Kapitel im Lehrbuch (siehe S. 41 ff.). Dennoch sollten den Schülern aus den Ausbildungsbetrieben einfache Umsatzlisten sowie Auswertungen (z. B. Renner-Penner-Listen) geläufig sein. Die Informationsquellen für entsprechende Zahlen sind insbesondere das Warenwirtschaftssystem, die Finanzbuchhaltung und die Kosten- und Leistungsrechnung.

3 Individuelle Lösungen.
Diese Aufgabe dient einerseits der Wiederholung von Inhalten aus Band 2 Lernfeld 8 und stellt gleichzeitig den Ausgangspunkt für ein sukzessiv „wachsendes" Mind-Map dar. Dieses Map kann dem einzelnen Schüler, einer Kleingruppe oder auch der ganzen Klasse als Übersicht über die Marketinginstrumente dienen. Entsprechend kann diese Aufgabe in Einzelarbeit, in der Kleingruppe (vgl. Band 1 Lernfeld 1: „Teammodell") oder auch im Plenum bearbeitet werden. Die Ergebnisse sollten in den letzten beiden Varianten in Form eines Lernplakats dargestellt werden.
Beispiel Lernplakat

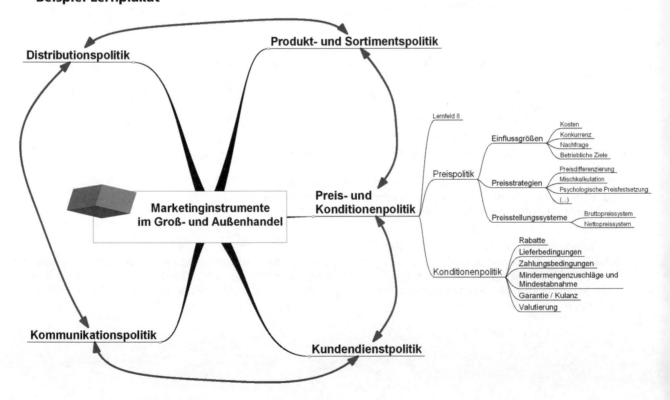

4 Die Marketinginstrumente einsetzen

4.1 Produkt- und Sortimentspolitik

Lehrbuch Seite 41

Handlungssituation

- Die Primus GmbH muss bei ihrer Sortimentsgestaltung **wirtschaftliche** (z. B. einen positiven Deckungsbeitrag) und **rechtliche** (z. B. gesetzlich formulierte Mindestvorschriften bezüglich der Sicherheit von Bürostühlen) Aspekte berücksichtigen. Daneben muss in der heutigen Zeit insbesondere die **Umweltverträglichkeit** der Produkte beachtet werden.
- Herr Müller spricht damit an, dass Produkte nie auf Dauer vom Markt akzeptiert werden, sondern durch die Veränderung von Kundenbedürfnissen Produktvariationen bzw. -eliminationen erforderlich werden. Die Lebensdauer eines Produktes muss im Rahmen der Produktpolitik zumindest grob geplant werden. Der Produktlebenszyklus kann gezielt verlängert werden, wenn flankierende Maßnahmen, z. B. Produktvariation, Preiskorrekturen, Verbesserung der Verkaufskonditionen usw. eingeleitet werden. Letztlich ist jedoch eine Produktelimination unvermeidbar.

Lehrbuch Seite 54

1 Insbesondere wirtschaftliche, rechtliche und ökologische Aspekte.

2 Individuelle Lösungen.
   a) Namen für Produktlinien (Beispiele):
   Ergo-Natur, Öko-Büro, Natürliches Arbeiten im Büro usw.
   Auch Fantasienamen sind denkbar, wenn sie die Produktlinie beschreiben.
   b) Verpackung ohne Kunststoffe, wieder verwendbar usw.
   c) Keine Hölzer aus gefährdeten Tropenwäldern, Spanplatten aus Recycling-Materialien, lösungsmittelfreie Farben und Lacke usw.
   d) „Natürliche" Farben, die sich in eine Bürolandschaft harmonisch einfügen, Holzflächen ggf. naturbelassen mit farblosem Lack usw.

3 Die Konstruktion der Produkte muss so ausgelegt sein, dass eine leichte Demontage der Einzelteile erfolgen kann und eine Trennung in einzelne Materialbestandteile leicht durchführbar ist. Ferner müssen die Materialien so beschaffen sein, dass sie mit geringem wirtschaftlichen Aufwand wiederverwendbar sind. Somit sollten nur solche Produkte beschafft werden, die umweltverträglich entsorgt werden können.

4 Individuelle Antworten.
Die Industrie- und Handelskammern in Nordrhein-Westfalen geben einen EU-Umwelt-Audit-Wegweiser als Ratgeber für die betriebliche Praxis heraus. Ein Leitfaden zur Anwendung der EU-Öko-Audit-Verordnung ist über die Landesanstalt für Umweltschutz in Baden-Württemberg zu beziehen.

5 Individuelle Lösungen.
   - **Breites Sortiment:** viele Warengruppen (Warenhaus)
   - **Schmales Sortiment:** eine oder wenige Warengruppen (Fachgeschäft)
   - **Flaches Sortiment:** wenige Artikel einer Warengruppe
   - **Tiefes Sortiment:** viele Artikel einer Warengruppe

6 Übersortimente führen zu erhöhten Kosten (Lager, Kapitalbindung, Veralterung usw.). Untersortimente führen zu Gewinn- bzw. Umsatzeinbußen, weil Ware nachgefragt wird, die nicht geliefert werden kann (Kundenverlust usw.).
Die Marktforschung bietet Datenmaterial, Über- und Untersortimente rechtzeitig zu erkennen, um entsprechende Maßnahmen einleiten zu können.

7 Individuelle Antworten.

4.2 Kundendienstpolitik

Lehrbuch Seite 55

Handlungssituation

- Durch zusätzliche Kundendienstleistungen versucht die Primus GmbH, den Warenabsatz des Sortimentes zu fördern und zu ergänzen. Kunden können neben dem Warenangebot zusätzliche (Dienst-)Leistungen nutzen. Im Rahmen der Wettbewerbs- und Kundenorientierung wird es für Unternehmen immer wichtiger, sich durch zusätzliche Angebote von den Konkurrenten abzusetzen. Für die Primus GmbH beinhaltet die Kundendienstpolitik die Möglichkeit, neue Funktionen des Groß- und Außenhandels zu bieten oder alte zu ergänzen (z. B. Beratungsfunktion).
- Individuelle Lösungen.
Möglichkeiten bieten sich bei den warenunabhängigen Serviceleistungen, z. B. bei Kundenberatung hinsichtlich des EU-Öko-Audits, sowie der Schaffung einer eigenen Umweltwarengruppe mit entsprechenden Marketingaktivitäten. Im Zusammenhang mit den Qualitätsgarantien kann sich die Primus GmbH nach der DIN ISO 9000 und dem EU-Öko-Audit zertifizieren lassen und nur Waren bei Unternehmen beschaffen, die ebenfalls zertifiziert sind.

Lehrbuch Seite 57

1 Individuelle Antworten.

2 Individuelle Antworten.

3 Individuelle Antworten.
Hier bietet sich die Möglichkeit, einen Vertreter der IHK einzuladen und mit ihm den Stand der Zertifizierungen im Handel zu diskutieren.

4 Neben dem Warenangebot als Kernleistung bieten viele Groß- und Außenhandelsbetriebe immer mehr Zusatzleistungen an, die den Absatz im Groß- und Außenhandel fördern sollen. Durch die **Kundendienstpolitik** versucht der Groß- und Außenhandel, den Warenabsatz zu fördern und zu ergänzen. Gleichwertige Warenangebote können sich so voneinander abgrenzen. Die Dienste können warenbezogen oder auch vom Warenabsatz unabhängig, entgeltlich oder unentgeltlich angeboten werden. Kunden können so neben dem Warenangebot zusätzliche Dienstleistungen in Anspruch nehmen. Im Bereich der Kundendienstpolitik finden sich für den Groß- und Außenhandel viele Möglichkeiten, um eine drohende Ausschaltung zu verhindern.

4.3 Distributionspolitik

Lehrbuch Seite 58

Handlungssituation

■ **Argumente für Frau Braun** (für neue Distributionswege):
– Erreichen zusätzlicher Abnehmergruppen
– Erhöhung des Bekanntheitsgrades der Produkte (und des Unternehmens)
– Erhöhung des Umsatz- und Absatzvolumens
– Ggf. positive Auswirkung auf die Beschaffungskosten durch höhere Mengen (Fixkostendegression)
– Praktizieren von gezieltem Chancenmanagement
– usw.
Argumente für Herrn Müller (gegen neue Distributionswege)
– Umstrukturierung des Marketingkonzeptes, dadurch ggf. zusätzliche Kostenbelastungen
– Ggf. Imageverlust für Produkte und Unternehmen, weil Produkte von Kunden nun als Massenware betrachtet werden können
– Veränderungen des Sortiments als Folge neuer Abnehmergruppen
– usw.
Die Abwägung der Argumente kann ohne zusätzliche Informationen nicht zu einer endgültigen Entscheidung führen. Im Rahmen einer Kosten-Nutzen-Analyse müssen u.a. untersucht werden:
– Kostenstruktur der möglichen Distributionswege
– Auswirkungen auf das Sortiment
– Umstrukturierung des Marketingkonzepts
– usw.

■ Individuelle Lösung.
Die Primus GmbH nutzt sowohl den direkten (Verkaufsniederlassung) als auch den indirekten Absatzweg (z.B. Groß-, Einzelhandel).
■ Individuelle Lösung.

Lehrbuch Seiten 70, 71

1 Über den Einzelhandel erreicht der Hersteller den Endverbraucher an seinem Wohnort. Es können handelsübliche Mengen angeboten werden, was bei einem Bezug der Verbraucher direkt beim Hersteller meist nicht möglich wäre. Ferner können Massenartikel nur über den Einzelhandel gestreut werden.

2 a) Als Franchisenehmer übernimmt man ein fertiges, meist bewährtes Marketingkonzept, das nur sehr wenig Spielraum für eigene Entscheidungen einräumt. Ferner sind der Gestaltung des eigenen Ladenlokals, der Formulierung eigener Liefer- und Zahlungsbedingungen sowie der Preisgestaltung enge Grenzen gesetzt. Der selbstständige Einzelhändler hat weitgehende Gestaltungsfreiheit in seinen Entscheidungen (mit allen Chancen und Risiken), allerdings entfallen für ihn Zahlungen an den Franchisegeber.

Vorteile für den Franchisenehmer	Nachteile für den Franchisenehmer
▪ Weitgehende Selbstständigkeit im Rahmen des Vertrages ▪ Nutzung des Know-hows des Franchisegebers ▪ Förderung des Absatzes durch einheitliche Verkaufsraumgestaltung, Werbung, Verkaufsförderung sowie ein abgerundetes Sortiment ▪ Nutzung von Dienstleistungen des Franchisegebers, wie zentrales Rechnungswesen, Kalkulation ▪ Expansion ohne großen Investitionsaufwand ▪ hohe Marktnähe ▪ niedrige Fixkosten ▪ Aufbau eines Vertriebsnetzes ohne großen Investitionsaufwand ▪ Größere Marktnähe als Lieferant ▪ Großes Engagement der selbständigen Vertriebspartner	▪ Langfristige Bindung an ein Sortiments- und Präsentationskonzept ▪ keine selbstständigen Sortimentsentscheidungen ▪ Insolvenzrisiko liegt bei Franchisenehmer ▪ ungeeignete Franchisenehmer können Ruf des Franchisegebers schädigen, da sie unter dessen Namen auftreten, dadurch entstehen auch dem Franchisenehmer und anderen Franchisenehmern Nachteile ▪ hohe Kosten durch Franchiseentgelt

b) Ein Handelsvertreter ist ein selbstständiger Kaufmann, der für andere Unternehmen Kontakte zu Kunden herstellt und Geschäfte vermittelt oder abschließt. Hierfür erhält er eine Provision. Der Vorteil für den Hersteller besteht darin, dass er kein eigenes Vertriebspersonal einstellen muss und dadurch erhebliche Fixkosten (Gehälter, Reisekosten usw.) einspart, da der Handelsvertreter nur im Erfolgsfalle honoriert wird. Andererseits nimmt er den Nachteil in Kauf, dass der Handelsvertreter ggf. nur geringe Aktivitäten entfaltet und das Produkt nicht vermarktet werden kann.

3 a) Wenn mehrere Absatzwege miteinander kombiniert werden, ist es möglich, die jeweiligen spezifischen Vorteile gebündelt zu nutzen. Ferner werden die Absatzchancen erhöht.

b) **Kriterien:** Kosten des Absatzweges, Risiken und Chancen, Erreichbarkeit von Zielgruppen, Verfügbarkeit des Absatzweges, Eignung des Absatzweges bzw. des Produktes (Haltbarkeit, Transportierbarkeit usw.), Variabilität und Flexibilität des Absatzweges usw.

4

Reisender			Handelsvertreter
Jahresgehalt in EUR		45.000,00	
Personalnebenkosten in %	60,00	27.000,00	
Reisekosten in EUR		25.000,00	
Betreuungskosten in EUR		10.000,00	6.000,00
fixe Kosten pro Jahr insgesamt in EUR		**107.000,00**	**6.000,00**
Provision in Prozent		2,00	12,00
Umsatz in EUR		**Reisender**	**Handelsvertreter**
100.000,00		109.000,00	18.000,00
200.000,00		111.000,00	30.000,00
300.000,00		113.000,00	42.000,00
400.000,00		115.000,00	54.000,00
500.000,00		117.000,00	66.000,00
600.000,00		119.000,00	78.000,00
700.000,00		121.000,00	90.000,00
800.000,00		123.000,00	102.000,00
900.000,00		125.000,00	114.000,00
1.000.000,00		127.000,00	126.000,00
1.100.000,00		129.000,00	138.000,00
1.200.000,00		131.000,00	150.000,00
1.300.000,00		133.000,00	162.000,00

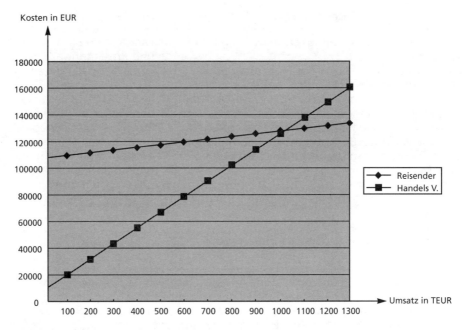

5 Individuelle Lösungen.
Entscheidend ist hier neben den formalen Kriterien des Geschäftsbriefes (DIN 5008) die geeignete Ansprache der Zielgruppe.

6 Groß- und Außenhandelsbetriebe sind für Industriebetriebe ein wichtiger Distributionsweg für ihre Produkte. Dadurch, dass der Groß- und Außenhandel i.d.R. große Mengen abnimmt, ist der Industriebetrieb u.a. in der Lage, seine Kapazitäten kontinuierlich auszulasten und dadurch Effekte der Kostendegression zu nutzen. Der Endverbraucher profitiert vom Groß- und Außenhandel dadurch, dass der Groß- und Außenhandel die Distribution an den Einzelhandel übernimmt. Hierdurch kann ortsnah der Verbraucher mit den gewünschten Gütern versorgt werden.

7 Handelsvertreter sind selbstständige Kaufleute, die für andere Unternehmen Kontakte zu Kunden herstellen und Geschäfte vermitteln oder abschließen. Hierfür erhalten sie Provision.
Der **Kommissionär** (Käufer) schließt mit seinem Kommitenten (Lieferer) einen Vertrag ab, bei dem aber der Lieferer Eigentümer der Ware bleibt. Der Kommissionär verkauft in seinem Namen. Er rechnet mit seinem Lieferer den Kaufbetrag ab, wobei er eine Provision einbehält. Nicht verkaufte Ware gibt er an den Lieferer zurück.
Ein **Franchisenehmer** tritt seinen Kunden gegenüber nicht in eigenem Namen auf. Er hat das Recht, bestimmte Waren oder Dienstleistungen seines Franchisegebers zu vertreiben, wobei er dessen Marke, Geschäftsausstattungs- und Marketingkonzept nutzt. Hierfür bezahlt er i. d. R. ein einmaliges Entgelt und eine Umsatzbeteiligung. Der **Franchisegeber** kann dadurch ohne großen Investitionsaufwand ein Vertriebsnetz aufbauen, schnell eine hohe Marktnähe erreichen und expandieren.
Ein **Vertragshändler** verpflichtet sich, Produkte eines Herstellers nach dessen Marketingkonzept zu vertreiben. Er wirkt auf seine Kunden wie eine Filiale (Außenstelle) des Herstellers, obwohl er rechtlich selbstständiger Unternehmer ist, der im eigenen Namen Produkte vertreibt.

8 Der Kunde gibt die URL in die Adressleiste seines Browsers ein und gelangt auf die Startseite des Online-Shops. Dort sucht er im Katalog nach den gewünschten Artikeln und „legt sie in den Warenkorb". Anschließend gibt er seine persönlichen Daten ein (Name usw., Lieferanschrift), wählt die Zahlungsalternative, bestätigt ggf. das Lesen der AGB, kontrolliert seine Eingaben, macht einen Ausdruck der Bestellung und schickt sie ab. Diese Bestellung wird nun von dem Unternehmen bearbeitet (Auftragsbestätigung als Mail, Versand, Zahlungseingang überwachen usw.).

9 Gründe für Online-Verkauf aus Sicht des Groß- und Außenhandelsunternehmens und des Kunden (Auswahl):

Großhandelsunternehmen	Kunde
■ keine Ladenöffnungszeiten zu berücksichtigen, ■ weltweite Präsentation des Sortiments, ■ geringe Standortkosten, ■ Ergänzung des stationären Handels, ■ Automatisierung des Verkaufsprozesses, ■ Automatisierung des Zahlungsverkehrs, ■ schnelle Präsentation von Sonderangeboten, ■ Kundenbindung.	■ Keine Ladenschlusszeiten, ■ bequemer Einkauf von zu Hause, ■ bequeme Zahlung.

10 Individuelle Lösungen.
Die AGB sind hinsichtlich rechtlicher Unklarheiten zu untersuchen und im Unterricht zu klären.

11 Individuelle Lösung.

4.4 Kommunikationspolitik

Lehrbuch Seiten 71, 72

Handlungssituation

■ Durch Absatzwerbung, Verkaufsförderung und Öffentlichkeitsarbeit versucht die Primus GmbH, ihre aktuellen und potenziellen Kunden auf ihr Sortiment und das Unternehmen aufmerksam zu machen und einen Kauf auszulösen. Die genannten Instrumente dienen als Bindeglied zwischen der Primus GmbH und den Nachfragern. Die Primus GmbH versucht so, gezielt Einfluss auf die Kaufentscheidungen von Abnehmern zu nehmen.

■ Als Instrumente der Kommunikationspolitik verwendet die Primus GmbH Absatzwerbung (z.B. geeignete Werbebotschaft, Auswahl der Werbemittel), Verkaufsförderung (z. B. regelmäßige Schulung der Mitarbeiter), Öffentlichkeitsarbeit (z.B. Sponsoring) und den persönlichen Verkauf.

Lehrbuch Seiten 85, 86

1 a) Alle Haushalte, betriebseigene Kantinen, gastronomische Betriebe usw.
b) Alle Besitzer von Kfz: (privat und gewerblich), Anzahl aller zugelassenen Kfz
c) Alle Unternehmen, Freiberufler, Behörden usw.; Privatpersonen, die Arbeitszimmer benötigen
d) Alle Privathaushalte, Betriebe, Behörden, Schulen usw.
e) Alle Besitzer von PC (privat und gewerblich)

2 Individuelle Lösungen.
DVD-Laufwerke, bestimmte Öko-Produkte usw.

3 a)–f) Individuelle Lösungen.
Es ist sinnvoll, diese Aufgabe als Projekt zu lösen. Hierbei kommt es darauf an, alle Aktivitäten zu planen und zu dokumentieren, ferner steht die Präsentation und Diskussion der Ergebnisse im Vordergrund. Jeder Verlag bzw. jede Fernsehanstalt stellt Mediadaten zur Verfügung.

4 Der Einsatz von Experten bei der Werbung führt i. d. R. zu einer höheren Werbewirksamkeit und zur Vermeidung von Kosten.

5 Individuelle Lösungen.
Die Präsentation der Ergebnisse kann in Form einer Podiumsdiskussion in der Klasse stattfinden.

6 Verkäuferschulungen sind eine wesentliche Maßnahme zur Sicherung und Erreichung von Marktstellungen. Sie gehören zum Maßnahmenkatalog der Verkaufsförderung. Insofern ist permanente Verkäuferschulung eine zentrale Säule zur Sicherung des Unternehmenserfolges.

7 Individuelle Lösungen.
Zu beachten ist hierbei die Zielgruppe, die durch das Preisausschreiben angesprochen werden soll, ferner ist das Ziel dieser Aktion zu formulieren (Steigerung des Bekanntheitsgrades usw.).

8 PR-Arbeit bezieht sich nicht auf einzelne Produkte eines Unternehmens, sie soll ein positives Bild bzw. Image des Unternehmens in der Öffentlichkeit erzeugen. PR-Aktionen sind nur wirksam, wenn sie der Öffentlichkeit zugängig sind.

9 Da die PR-Arbeit sich nicht auf einzelne Produkte eines Unternehmens bezieht, sondern in der Öffentlichkeit ein positives Image des Unternehmens erzeugen soll, ist die Wirksamkeit auch nicht an Umsatzzahlen o. Ä. direkt erkennbar.

10 a) Individuelle Lösungen.
Entscheidend sind hier die Begründungen der Schüler.
b) Individuelle Lösungen.

Materialien zu 4.4 Kommunikationspolitik

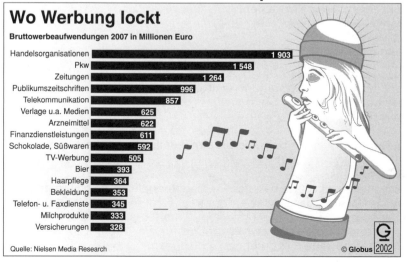

Wo Werbung lockt

Bruttowerbeaufwendungen 2007 in Millionen Euro

Handelsorganisationen	1 903
Pkw	1 548
Zeitungen	1 264
Publikumszeitschriften	996
Telekommunikation	857
Verlage u.a. Medien	625
Arzneimittel	622
Finanzdienstleistungen	611
Schokolade, Süßwaren	592
TV-Werbung	505
Bier	393
Haarpflege	364
Bekleidung	353
Telefon- u. Faxdienste	345
Milchprodukte	333
Versicherungen	328

Quelle: Nielsen Media Research

© Globus 2002

Im Mittelalter priesen Marktschreier lauthals ihre Waren an, heute ist die Werbeindustrie zu einem milliardenschweren Wirtschaftszweig aufgestiegen. Als werbeintensivste Branche zeigte sich 2007 der Handel, allen voran der Lebensmitteleinzelhandel. Der größte Zuwachs bei den Werbeaufwendungen entfiel im Vergleich zum Vorjahr aber auf den Pkw-Markt. Auf Platz drei kamen Zeitungen, die einerseits selbst hohe Werbe-Investitionen tätigten, andererseits aber auch nach dem Fernsehen mit die höchsten Einnahmen durch Werbung verbuchen konnten.

4.5 Unlauterer Wettbewerb

Lehrbuch Seite 86

Handlungssituation

■ Das Markengesetz lässt einen Schutz von Produktnamen zu. Ferner ist zu überprüfen, inwieweit ein Gütezeichen eingeführt werden kann sowie das Gebrauchsmuster- und das Geschmacksmustergesetz ausgeschöpft werden können.

■ Die Bürodesign GmbH kann ihren Bürostuhl durch die Anmeldung eines Gebrauchsmusters schützen lassen.

■ Mit dem Geräte- und Produktsicherheitsgesetz wird der vorbeugende Verbraucherschutz gestärkt. Das Gesetz verpflichtet auch den Händler dazu beizutragen, dass nur sichere Produkte in den Verkehr gebracht werden.

Lehrbuch Seite 96

1 a) Das Gesetz gegen den unlauteren Wettbewerb hat den Sinn, Verbraucher und Mitbewerber vor unlauteren Maßnahmen im Kampf um Marktanteile zu schützen.

   b) Individuelle Lösungen.
   Wichtig ist hier, dass die Beispiele der Schüler tatsächlich Verstöße gegen das UWG darstellen und in der Klasse diskutiert werden.

2 Eine solche Handlung ist zulässig.

3 ■ **Patentschutz:** Patente werden nur für Erfindungen erteilt, die neu sind, auf einer erfinderischen Tätigkeit beruhen und gewerblich anwendbar sind.
   Beispiel In einem Unternehmen wird eine neuartige Vorrichtung zur Messung der Heizkosten erfunden. Durch eine Patentanmeldung wird sichergestellt, dass niemand anders diese Erfindung vermarkten kann.

   ■ **Markenschutz:** Marken dienen dazu, in Wort und Bild eigene Erzeugnisse von denen anderer Hersteller oder Händler zu unterscheiden. Sie sind einerseits Werbemittel, andererseits Orientierungshilfe für Verbraucher.
   Beispiel 4711, Schriftzug „NIVEA" usw.

   ■ **Gütezeichenschutz:** Gütezeichen werden von Herstellern als Garantie für bestimmte Mindestqualitäten ihrer Produkte verwendet. Ihre Überwachung wird durch eine Einrichtung des Deutschen Normenausschusses durchgeführt.
   Beispiel Umweltengel, Reine Schurwolle, TÜV-geprüft

   ■ **Gebrauchsmusterschutz:** Hierdurch werden Neuerungen an Arbeitsgeräten und Gebrauchsgegenständen, jedoch keine Verfahren geschützt.
   Beispiel Ein Uhrenhersteller stellt Armbanduhren mit gleichzeitiger analoger und digitaler Anzeige her und lässt sich diese Gebrauchsmuster schützen.

   ■ **Geschmacksmusterschutz:** Als Muster werden zweidimensionale Darstellungen einschließlich der verwendeten Farbkombinationen bezeichnet. Diese gewerblichen Muster können geschützt werden.
   Beispiel Ein Tapetenhersteller lässt sich ein bestimmtes Tapetenmuster schützen.

4 Siehe Lösung Arbeitsauftrag 2.

5 Mit diesem Gesetz wird der **vorbeugende Verbraucherschutz** gestärkt. Die Behörden können bei Vorliegen von Produktgefahren Warnungen an die Bevölkerung veranlassen oder selbst aussprechen, den Rückruf unsicherer Produkte anordnen und den weiteren Verkauf untersagen.
   Beispiele Nicht farbechte Kinderspielzeuge; mutmaßlich vergiftete Produkte; Produkte, bei denen erst nach längerem Gebrauch Fehler auftreten.

6 a) Verstoß gegen UWG (psychologischer Kaufzwang)
   b) Verstoß gegen UWG (Anlocken mit übermäßigen Vorteilen)
   c) Verstoß gegen UWG (Ruinöser Wettbewerb)
   d) Zulässig, die Waren würden sonst verderben
   e) Verstoß gegen UWG (Lockvogelangebot)

7 a) Der Deutsche Werberat hat insbesondere folgende Aufgaben:
   ■ Werbung im Hinblick auf Inhalt, Aussage und Gestaltung weiterentwickeln
   ■ Missstände aufdecken und beseitigen
   ■ Leitlinien für die Werbung entwickeln
   b) Individuelle Lösungen.
   Siehe Website www.werberat.de, Rubrik „Fälle vor dem Werberat/Aktuelle Einzelfälle"

Nachahmungsgefahr gefährlichen Verhaltens
Ein Kfz-Hersteller warb in einem Werbeprospekt für ein neues Fahrzeugmodell mit dem Slogan: „Perfekt für Verfolgungsjagden". Nach Auffassung des Beschwerdeführers fordere diese Werbeaussage zu Verfolgungsjagden im Straßenverkehr und damit zu strafbarem Verhalten auf. In seiner Stellungnahme gegenüber dem Werberat zeigte das Unternehmen Verständnis für die Verbraucherkritik und teilte mit, den Werbeprospekt mit dieser Aussage nicht mehr zu verwenden.

Verstoß gegen Verhaltensregeln

Eine Brauerei warb auf ihrer Internetseite mit der Aussage „Gibt Kraft und Energie". Der Werberat beanstandete den Claim. Laut Verhaltensregeln solle kommerzielle Kommunikation keine Aussagen enthalten, die auf eine Verbesserung der physischen Leistungsfähigkeit durch den Konsum alkoholhaltiger Getränke abstellt. Das werbende Unternehmen entfernte die Werbemaßnahme aus dem Internetauftritt, nachdem sich der Werberat eingeschaltet hatte.

Diskriminierung von Personengruppen

In seinem Prospekt warb ein Möbelhersteller mit dem Slogan „Wir nehmen Ihre ‚Alte' in Zahlung und schicken sie in die Wüste« für eine Eintauschaktion gebrauchter Möbel gegen neue. Groß abgebildet war in dem Prospekt eine ältere Dame neben einer Sitzgarnitur. Die Beschwerdeführerin sah in Wortwahl und Abbildung die Diskriminierung älterer Menschen und die Diskriminierung von Frauen. Nach Intervention durch den Werberat erklärte sich das werbende Unternehmen bereit, die Werbung nicht mehr zu schalten.

(Quelle: http://www.werberat.de/; abgerufen am 16.03.2009)

8 Individuelle Lösungen.
Beispiele finden sich zahlreich in Zeitungen und Zeitschriften sowie im Fernsehen
- Beispiel informierende Werbung: Ein Elektrofachmarkt schaltet eine ganzseitige Anzeige für Produktneuheiten. Es werden Fotos von Druckern und Notebooks mit ihren technischen Einzelheiten gezeigt, daneben erscheint der aktuelle Verkaufspreis.
- Beispiel für emotionale Werbung: In einem Fernsehspot für Bonbons wird eine Großmutter gezeigt, die ihren Enkeln „etwas Süßes" schenkt. Die Enkel bedanken sich bei ihr liebevoll. Über die Zusammensetzung der Bonbons wird nichts ausgesagt.

9 Individuelle Lösungen.
An dieser Stelle soll herausgearbeitet werden, dass Grenzen emotionaler Werbung zwar subjektiv empfunden werden, jedoch allgemeine Regeln ableitbar sind, wo die Grenzen der Schüler liegen, beispielsweise bei Werbung, die
- ekelerregend oder angsteinflößend wirkt,
- die Würde des Menschen beeinträchtigt,
- sexuellen Missbrauch darstellt,
- religiöse Empfindungen verletzt.

5 Das absatzpolitische Instrumentarium kombinieren

5.1 Der Marketingmix für den „ergo-design-natur"

Lehrbuch Seite 97

Handlungssituation

- Im Rahmen des **Marketingmix** kombiniert ein Unternehmen sein absatzpolitisches Instrumentarium unter Berücksichtigung seiner Marketingziele. Die Bedeutung der einzelnen Instrumente hängt im Wesentlichen vom jeweiligen Unternehmen (z. B. Hersteller, Handel) und vom Käufer (z. B. Endverbraucher, Einkäufer eines Unternehmens) ab. Ein optimales Zusammenwirken der einzelnen Instrumente kommt nur dann zustande, wenn die Marketinginstrumente harmonisch und zielgerecht zusammenwirken. Sind einzelne Instrumente nicht aufeinander abgestimmt, kann die Wirkung der einzelnen Instrumente verpuffen.
- Durch das Schema sollte verdeutlicht werden, dass die Situationsanalyse mithilfe der Marktforschung Ausgangspunkt des Gesamtmarketingkonzeptes ist. Die Sortimentspolitik determiniert bei der Primus GmbH in der Regel die anderen Marketinginstrumente. Preis-, Konditionen-, Kundendienst- und Kommunikationspolitik werden in Abhängigkeit von der Sortimentspolitik und den finanziellen Möglichkeiten gestaltet. Die Distributionspolitik spielt für die Primus GmbH häufig eine untergeordnete Rolle; allerdings bietet der Wandel der Betriebsformen die Möglichkeit (und Notwendigkeit), über neue Absatzformen nachzudenken, z. B. E-Commerce.

Lehrbuch Seiten 102, 103

1 Individuelle Antworten.

2 Individuelle Lösung unter Berücksichtigung folgender, aus der Aufgabenstellung abzuleitender Daten:

Situationsanalyse	**Unternehmensziel** ist die Ausweitung des Marktanteils der Großhandlung; **Funktionsbereichsziel** ist die Umsatzsteigerung bei TK-Produkten. **Zielgruppe:** Einzelhändler, die an beschriebenen Kundenkreis verkaufen (z. B. Tankstellen, Feinkostläden oder Einzelhändler mit Feinkostabteilungen). **Konkurrenzsituation:** ständig neue Anbieter verschiedener Preisklassen; einige große Marken (z. B. Dr. Oetker).
Sortimentspolitik	Sortimentserweiterung durch vier neue Artikel
Preispolitik	Orientierung an Konkurrenz und Nachfrager
Distributionspolitik	indirekter Absatz im Ladengeschäft

5.2 Marketing-Projekt: Die Markteinführung des „ergo-design-natur"

Lehrbuch Seiten 103, 104

Handlungssituation
■ Individuelle Lösung.
Beispiel einer Mind-Map mit den Maßnahmen aus dem Lehrbuch hinsichtlich der Markteinführung des „ergo-design-natur" (vgl. Seiten 101, 102)

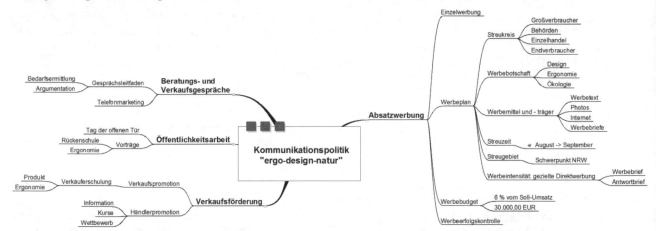

Es ist ein breites Spektrum an Antworten zu erwarten. Die Lehrkraft sollte diese gemeinsam mit den Schülerinnen und Schülern ordnen. Für diese Ordnung können die allgemeinen Merkmale eines Projektes (vgl. Lehrbuch S. 104) hilfreich sein.
■ Die Markteinführung erfüllt alle Merkmale eines Projektes: Klares Ziel, zeitliche Befristung, einmalig (zumindest was diesen speziellen Artikel angeht), Unsicherheit und Risiko (z. B. hinsichtlich der Wirksamkeit der einzelnen Maßnahmen), begrenzte Ressourcen (z.B. Werbebudget) und besondere Organisation.

Lehrbuch Seite 107

1–6 Individuelle Lösung.
Bitte beachten Sie die ausführlichen Arbeitsaufträge zur Strukturierung eines projektorientierten Unterrichts in den Übungsaufgaben zu Kapitel 12 (vgl. Lehrbuch Seite 378) sowie die dazu gehörenden medialen Lernhilfen und methodische Hinweise zum Lehrerhandeln im projektorientierten Unterricht im Lehrbuch zu Lernfeld 12. Bei der hier verlangten **Planung** eines Projektes, bietet sich eine Zwischenpräsentation und Feedbackrunde nach Schritt 3 an. Die Schülerinnen und Schüler präsentieren dann ihre Projektidee und das Projektziel als erste Projektskizze und lassen sich ein Feedback geben.

6 Das Absatzcontrolling unterstützen

Lehrbuch Seite 108

Handlungssituation
■ **Aussage der Grafik:** Ausgehend von einem Umsatz im Dezember in Höhe von 390.000,00 EUR zielte die Absatzplanung (Soll) bei der Warengruppe Verbrauch/Organisation im ersten Quartal auf eine leichte und kontinuierliche Umsatzsteigerung. Tatsächlich ging der Umsatz jedoch zurück. Bis März kann man an der Steigung der Geraden einen sich verschärfenden Umsatzrückgang ablesen. Der Umsatzrückgang im März ist dann wieder etwas geringer, gleichwohl bleibt die Entwicklung negativ. Ende März ist der Umsatz auf etwa 370.000,00 EUR gefallen, was einem Rückgang von 5,13 % entspricht. Für genauere Zahlenangaben müsste eine andere grafische Darstellungsform oder eine Tabelle vorliegen.
Ursachen der Entwicklung: Diese können sehr vielfältig sein. Denkbar sind Absatzrückgänge, die ihre Ursache in Lieferengpässen auf den Beschaffungsmärkten, einer Verschlechterung der Wettbewerbsposition, dem Verlust von A-Kunden, einem nicht marktgerechten Sortiment, zu hohen Preisen, unzureichenden Distributionswegen (kein Online-Handel) o. Ä. haben können. Denkbar ist auch, dass notwendige Preissenkungen den Umsatzrückgang bei gleichbleibendem Absatz bedingen. Dies erscheint jedoch aufgrund der Grafik eher unwahrscheinlich.
Methodischer Hinweis: Aufgrund der vielfältigen Antwortmöglichkeiten bietet sich für den zweiten Teil des Arbeitsauftrages die Methode des Brainstorming an.
■ Ermittlung des Waren- und Personaleinsatzes in der Warengruppe Verbrauch/Organisation, von Marktdaten, Konkurrenzdaten, der Kundenstruktur, Preisentwicklung eigener Artikel/Konkurrenzprodukte sowie Entwicklung der anderen Warengruppen usw.

Instrument	Notwendige Informationen
ABC-Analyse der Kunden	Kundenumsätze nach Menge und Wert
Renner-Penner-Liste	Verkaufszahlen der Artikel in einem bestimmten Zeitraum nach Menge und Wert
Deckungsbeitragsrechnung	Umsatzerlös, variable Kosten für jeden Artikel und fixe Kosten

Lehrbuch Seite 116

1 Individuelle Lösungen.

2 a) Argumente der Verkaufsabteilung für die Belassung im Sortiment
- vorhandene Kundenaufträge
- Preissenkungen waren kurzfristig notwendig und können wieder korrigiert werden
- gehört zu einem Sortimentsbereich und wird daher vom Kunden erwartet
- Erschließung neuer Absatzwege und Märkte
- Konkurrenz bietet ähnliche oder gleiche Artikel an

b) Argumente der Controllerin für die Bereinigung des Produktionsprogramms
- zu geringe Kundenreaktion auf Preissenkung
- negativer Deckungsbeitrag
- rückläufiger Absatz trotz Werbung
- Konkurrenten bieten bessere Alternativen an
- Kapazitäten werden für Nachwuchs- und Starprodukte benötigt
- Marktuntersuchung

Methodischer Hinweis
Die Methode der Podiumsdiskussion ist im Lehrbuch Ausbildung im Groß- und Außenhandel Band 1 (Lernfeld 1, Kapitel 4.1, Aufgabe 2 am Kapitelende) dargestellt. Im dritten Ausbildungsjahr sollte ein/e Schüler/in die Podiumsdiskussion moderieren können.

3 ■ Zeitungsständer
  a) frühzeitig Umsatzdaten an die Unternehmensleitung geben
  b) Sortimentsbereinigung
■ Schreibtisch Primo
  a) Umsatzdaten regelmäßig zur Verfügung stellen, sodass Reifephase rechtzeitig erkannt wird
  b) Sortimentsvariation z. B. durch Farbvariationen
■ Bandscheiben-Drehstuhl
  a) tägliche Beobachtung der Umsatzzahlen, sodass der Rückgang der Umsatzzahlen nicht zu einer Fehlinterpretation führt, gleichzeitige Beobachtung des Marktes
  b) Sortimentserweiterung z. B. durch Aufnahme von Bandscheibenkissen, medizinischen Bällen

4 Individuelle Antworten.

7 After-Sales-Phase zur Kundenbindung nutzen

Lehrbuch Seiten 116, 117

Handlungssituation

■ Um einen neuen Kunden dauerhaft zu gewinnen, muss mithilfe von Werbung der Erstkontakt hergestellt werden, der Kunde muss mit guten Verkaufsgesprächen überzeugt und zum Erstkauf geführt werden. Dabei treten in allen Phasen Effizienzverluste auf. Das verursacht insgesamt sehr hohe Kosten, während bei Altkunden gezielt auf deren bekannte Bedürfnisse hin geworben und/oder ein spezielles Verkaufsgespräch geführt werden kann.

■ Individuelle Lösungen! Fehlen den Schülern/Schülerinnen persönliche Erfahrungen, könnten sie auf diejenigen der Eltern/Familie zurückgreifen und mit deren Hilfe die Maßnahmen zur Kundenbindung finden.

Lehrbuch Seite 122

1 Individuelle Lösungen!
Die Schüler/-innen sollten verschiedene Kundenbindungsmaßnahmen der Primus GmbH nennen (vgl. Lehrbuch S. 119 ff.)

2 Neben den durch das Kundenbeziehungsmanagement angestrebten verstärkten Bindungen an die Primus GmbH mit späteren Wiederholungs- bzw. Zusatzkäufen verstärkt sich die Win-Win-Situation dadurch, dass beide Seiten von dem Kundenbeziehungsmanagement weiter profitieren. Der Kunde kann seine spezifischen Wünsche und Anregungen bezüglich des Produktes/der Dienstleistung oder anderer Leistungen (Service, Lieferbedingungen u. a.) kundtun. Er hat damit die Aussicht, dass diese in Zukunft berücksichtigt werden und ihm somit beim nächsten Kauf einen noch höheren Nutzen bringen.
Die Primus GmbH profitiert durch diese Kundenwünsche und -anregungen, indem sie große Ausgaben für aufwendigere Marktforschungverfahren spart. (u. a.)

3 Individuelle Lösungen!

4 Individuelle Lösungen!

5 a) Indivuelle Lösung

b) Wenn die Primus GmbH mit einem Lieferer einen langfristigen Vertrag über die Lieferung von Waren abschließt, hat sie den Vorteil der langfristigen Sicherung ihres Bedarfs. Der Lieferer hat den Vorteil einer langfristigen Produktionsplanung mit gesichertem Absatz.

Wiederholung Lernfeld 9: Marketing planen, durchführen und kontrollieren

Übungsaufgaben

Lehrbuch Seiten 122 bis 124

1 a) Rechnungen, Warenwirtschaftssystem, Aufzeichnungen von Außendienstmitarbeitern, Datenbanken, Korrespondenz

b) Studien von Großverlagen (z.B. Maria-Daten), Berichte der Bundesbank, Veröffentlichungen der Industrie- und Handelskammern, Amtsblätter, Pressemitteilungen

2 a) Befragung, Beobachtung (Primärforschung)
Kundenprofile, Studien von Großverlagen (Sekundärforschung)

b) Erfassen von möglichen Lieferanten und von Preisentwicklungen bei verschiedenen Waren, Beobachtung des Marktes, um Produktneuheiten zu erkennen, Erfassen und Bewerten des Markverhaltens von Lieferern.

3 a) höhere Fachkompetenz, Experten für spezielle Probleme, gute Kontakte zu Medien, Ergebnisse können u.U. mehrfach genutzt werden und sind daher kostengünstiger

b) Verbesserung der Liefertermineinhaltung dringend erforderlich, dann vermutlich Neukundengewinnung möglich, aufgrund der relativ langen Haltbarkeit und der hervorragenden Verarbeitung wenig Ersatzkäufe, d.h. Absatzsteigerung vorwiegend über Neukunden

4 Branchen- und/oder warenspezifische Auswahl aus Marketingmix!
In Abhängigkeit der Branche bieten sich Diversifikationen, die Kundendienst-, Preis- oder Konditionenpolitik oder aber die Distributionspolitik bzw. eine Kombination von Maßnahmen an.

5 Die Primus GmbH nimmt bisher nicht geführte Warengruppen in das Sortiment auf:

Horizontale Diversifikation	Waren der gleichen Branche, z.B. Öko-Büromöbel
Vertikale Diversifikation	Waren einer vor- oder nachgelagerten Produktionsstufe, z.B. Verkauf von Holz u.a. zum Selberbauen von Büromöbeln
Laterale Diversifikation	Ausdehnung des Sortiments auf eine andere Branche, z.B. Möbel allgemein

6 ■ **Verkaufabteilung (pro):** Breiteres Angebot, größerer Umsatz, größere Kundennähe, größerer Kundenkreis, größere Attraktivität, Erschließung neuer Märkte u.a.

■ **Finanzabteilung (contra):** Stärkere Kapitalbindung, höhere Kapitalbindungskosten, Vergrößerung des Lagers u.a.

7 **Beispiele für Maßnahmen:** Fremdlager, Lieferer mit kurzen Lieferzeiten, Käufe auf Abruf, Streckengeschäfte, Sortimentskooperation, Sortimentsbereinigung, Änderung der Lagerorganisation, Rationalisierung im Lager, bauliche Erweiterung des Lagers, usw.

8 a) Durch **Preisdifferenzierung** die Waren zu unterschiedlichen Preisen anbieten, um räumliche, zeitliche oder personenbezogene Anforderungen optimal zu treffen; Gewährung von Sonderpreisen (**Sonderpreispolitik**) Einräumung von **Rabatten**, die vom Rechnungsbetrag abgezogen werden und dadurch den Verkaufspreis mindern.

b) „Wenn Sie innerhalb von 14 Tagen bestellen, erhalten Sie den Bürostuhl für 202,50 EUR statt für 225,00 EUR." (**zeitliche Preisdifferenzierung**)
„Besuchen Sie uns auf der Orga-tec, der Messe für Büroorganisation. Dort bieten wir Ihnen zahlreiche Artikel zu **Sonderkonditionen**."
„Beim Kauf von 10 Stück können wir Ihnen einen **Rabatt** von 10 % gewähren."

9 a) **Nettopreissystem:** Beim Nettopreissystem, das im Groß- und Außenhandel zum Zwecke der Transparenzerhöhung hauptsächlich zum Einsatz gelangt, wird zum Einstandspreis des Großhandels ein Kosten- und Gewinnaufschlag addiert („Cost-plus-System"). Kostenvorteile bei Großaufträgen können nur noch über Staffelpreise erreicht werden.

b) **Bruttopreissystem:** Beim **Bruttopreissystem** werden den Kunden Preisnachlässe (Rabatte) gewährt. Der Bruttopreis abzüglich Rabatt ergibt den Einkaufspreis des Kunden. Das Rabattgesetz regelt die wichtigsten Rabatte. Ausgangspunkt für die Kunden ist zunächst die Preisliste, auf die es je nach Kunde und Auftragshöhe die vorgesehenen Rabatte gibt.

10 ■ **Preisfestsetzung:** Erstmalige Preisfestsetzung in der Einführungsphase als Abschöpfungs- oder Durchdringungspreis, Preisorientierung an den Kosten, Nachfrage, Konkurrenz (inkl. Preisgrenzen), Mischpreis, Deckungsbeitrag

■ **Preisstellung:** Netto- und Bruttopreissystem

- **Konditionen:** Mindestabnahmemengen, Frankogrenzen, Beförderungskosten, Bonus, Skonto u. a.

11 a) ■ Reisender: 3.500,00 EUR + 2.000,00 EUR + (2/100 · 2 000.000,00 EUR) = 45.500,00 EUR
- ■ Handelsvertreter: 600,00 EUR + (5/100 · 2.000.000,00 EUR) = 100.600,00 EUR
   b) Für den Reisenden spricht die meist starke Identifikation mit der Ware bzw. dem Unternehmen, außerdem ist er strikt weisungsgebunden. Dem Unternehmen gibt er durch seine Besuchsberichte wertvolle Marktinformationen. Allerdings entstehen hohe Fixkosten durch die Gehaltszahlungen. Nachteilig ist auch die häufig geringere Besuchshäufigkeit gegenüber dem Handelsvertreter.

12 a) ■ **Franchising** = Kooperationsform, bei der der Franchisegeber dem rechtlich selbstständigen Franchisenehmer das Recht einräumt, bestimmte Waren oder Dienstleistungen unter Verwendung der Firma, der Marke, der Ausstattung und der technischen und wirtschaftlichen Erfahrungen des Franchisegebers zu nutzen.
- ■ **Makler** = Ein Makler vermittelt von Fall zu Fall den Abschluss von Verträgen und erhält dafür eine Courtage.
- ■ Ein **Rack Jobber** (Regalgroßhändler) bietet auf Regalflächen, die ihm ein Einzelhändler zur Verfügung stellt, seine Waren auf eigene Rechnung an. Dadurch ergänzt er das Vollsortiment des Einzelhändlers. Der Einzelhändler verkauft und kassiert und rechnet anschließend mit dem Rack Jobber gegen eine Umsatzprovision ab. Nicht verkaufte Waren nimmt der Großhändler zurück.
   b) Für den **Großhändler** bedeutet das Rack-Jobber-Vertriebssystem geringere Betriebskosten sowie die Präsentation seiner Waren innerhalb eines Vollsortiments mit allen Marketingaktivitäten. Der **Einzelhändler** verkauft dagegen Ware ohne eigenes Risiko und muss in der Regel kein Personal zur Warenpflege einsetzen.

13 ■ **Handelsvertreter:** fehlende Fixkosten, i. d. R. höhere Besuchshäufigkeit
- ■ **Verkaufsniederlassung:** Beratung und Service durch eigene Mitarbeiter, Einbindung in das gesamte Unternehmenskonzept

14 a) **Messen** sind Verkaufsveranstaltungen, die für Fachbesucher (Wiederverkäufer und gewerbliche Verbraucher) in regelmäßigen Abständen an demselben Ort (Messeplatz) abgehalten werden und nur Fachbesuchern zugänglich sind. Verkäufe werden hier aufgrund von Mustern abgeschlossen. Für den Aussteller sprechen mehrere Gründe für die Beteiligung an einer Messe, die mit hohen Kosten für die Standgebühren, die Gestaltung des Messestandes, die Auswahl und Beschaffung von Werbemitteln und meist auch die Herstellung eines Messeprospektes verbunden ist:
- ■ Verkaufsmöglichkeiten,
- ■ Repräsentation des Unternehmens,
- ■ Einführung neuer Produkte,
- ■ Gewinnung neuer Kunden,
- ■ Marktforschung und Marktinformation.
   Ausstellungen wenden sich auch an die Allgemeinheit und dienen der Repräsentation.
   b) Möbelmesse in Köln, Internationale Automobil-Ausstellung (IAA) in Frankfurt

15 Formen des indirekten Absatzes (selbstständige Absatzmittler):
Handelsvertreter, Kommissionär, Makler (Beschreibung hinsichtlich Rechtsstellung, Vergütung, Rechte und Pflichten)
- ■ **Vorteile:** Geringere Fixkosten, kostengünstigere Erschließung neuer Bereiche, Sortimentsabrundung durch komplementäre Güter, gute Marktkenntnis der Absatzmittler, Übernahme der Haftung bei Zielgeschäften u. a.
- ■ **Nachteile:** Hohe variable Kosten bei hohen Umsätzen, geringer Kundenkontakt, keine direkte Weisungsbefugnis, geringe Kontrollmöglichkeiten u. a.

16 a) ■ Lieferantenstammdaten: Namen, Lieferprogramm, Preise, Lieferzeit
- ■ Artikelstammdaten: Lieferanteninformationen
- ■ Adressbücher, Kataloge, Prospekte, Preislisten
- ■ Messen, Ausstellungen, usw.
   b) unzuverlässiger Lieferant, schlechte Qualität, unpünktliche Lieferungen, Lieferant steht vor Insolvenz

Gebundene Aufgaben zur Prüfungsvorbereitung

Lehrbuch Seiten 124 bis 126

1 2.	3.	4.	**4** 3.	**7** a) 3	b) 5	c) 4	d) 2	e) 1	**10** 5.		**13** 4.
2 1.	3.	5.	**5** 3.	**8** 1.	3.				**11** 1.		
3 2.			**6** 1.	**9** 4.					**12** 2.		

Ungebundene Aufgaben

Lehrbuch Seiten 127, 128

Situation 1:

1 Primärforschung: Sind aus Sekundärdaten die gewünschten Informationen nicht zu gewinnen, müssen Daten erstmalig erhoben werden. In der Primärforschung werden vier Methoden angewendet: Befragung, Beobachtung, Experiment, Panel.
In der Sekundärforschung werden Daten, die bereits für andere Zwecke erhoben wurden, verwendet. Sie müssen für die Marktforschung neu aufbereitet werden (sortiert, selektiert, verknüpft werden).

2 Werbeträger können z.B. Fachzeitungen, Werbebriefe, Werbesendungen, Tageszeitungen, sonstige Medien sein.
Werbemittel können z.B. Anzeigen, Inserate, Plakate, Prospekte, Werbebriefe usw. sein.
Begründungen: individuelle Lösung.

3 Für den Einsatz von Handelsvertretern für eine Groß- und Außenhandlung sprechen wesentlich niedrigere Fixkosten als bei Reisenden und die häufig höhere Besuchshäufigkeit bei Kunden sowie seine Marktkenntnis. Ob eine Groß- und Außenhandlung sich für einen Handelsvertreter oder einen Reisenden entscheidet, hängt dann vor allem auch von den Kosten ab. Häufig ist es bei geringeren Umsatz günstiger, mit Handelsvertretern zu arbeiten, da die Umsatzprovision erst mit dem Umsatz anfällt, während der Reisende sein Gehalt immer erhält. Bei höheren Umsätzen ist der Einsatz von Reisenden günstiger.

4 Kalkulationsschema:

			EUR
Einstands-/Bezugspreis	100 %		160,00
+ Handlungskosten	25 %		40,00
Selbstkostenpreis	125 %	100 %	200,00
+ Gewinnzuschlag		15 %	30,00
Listenverkaufspreis		115 %	230,00

Situation 2:

1 Die Daten können im Wege der Primär- und der Sekundärmarktforschung beschafft werden.
Im Rahmen der Sekundärmarktforschung können Prospekte und Kataloge der Mitbewerber und Fachzeitschriften ausgewertet werden. So können potenzielle Mitbewerber festgestellt und das Preisniveau der Konkurrenzprodukte erhoben werden. Im Rahmen der Primärmarktforschung könnte die Hage AG eine Befragung durchführen. Zu erhebende Marktdaten sind z.B. die Preisvorstellungen der potenziellen Kunden und ihre Einstellung zum Thema Ökologie.

2 Individuelle Lösung.
Als Muster kann der Fragebogen auf S. 8 im vorliegenden Materialienband herangezogen werden.

3 Strategie der Differenzierung: Die Hage AG versucht sich von ihren Mitbewerbern abzuheben.
Strategie der Marktsegmentierung: Die Hage AG möchte mit der Produktlinie „Öko-Design" das Marktsegment der umweltbewussten Kunden abdecken.

4 Da 63 % der potenziellen Kunden bereit sind, für ein ökologisch vertretbares Produkt einen 10 % höheren Preis zu zahlen, bietet sich die Skimmingpolitik an.

5 Die Lieferbedingungen könnten ebenfalls ökologisch ausgerichtet sein. So ist z.B. eine Lieferung mit der Bahn denkbar. Als Servive sollte eine Rücknahmegarantie und ein Recycling nach Ablauf der Nutzungsdauer angeboten werden.

Situation 3:

1 Beim indirekten Absatz über Groß- und Einzelhandel werden bestimmte Funktionen vom Handel übernommen: die Kundenberatung, die Sortimentsbildung, die Warenverteilung, die Lagerhaltung und die Raumüberbrückung. Darüber hinaus erleichtert die Einschaltung des Handels die Markteinführung durch die zusätzliche Werbung des Handels. Hier ist auch eine Diskussion denkbar, bei der eine Gruppe die Belange des Handels vertritt („Der Handel sichert die bedarfsgerechte Versorgung der Verbraucher") und eine Gruppe die Gegenthese vertritt („Der Handel verteuert nur unnütz die Ware").

2 Individuelle Lösung.

3 Maßnahmen im Rahmen der Händlerpromotion:
■ Ausbildung und Information des Handels
■ Beratung bei der Gestaltung der Verkaufsräume
■ Motivation des Handels

4 Individuelle Lösung.
Ideen können aus dem Beispiel im Lehrbuch auf S. 82 f. abgeleitet werden.

5 ■ Auszug aus dem UWG
■ Auszug aus dem Markengesetz
■ Auszug aus dem Geräte- und Produktsicherheitsgesetz

Situation 4:

1 a) ■ Kundenspezifische Ansprache
■ Keine Störung des Betriebsablaufs
■ Termin auf Kundenbedürfnis individuell abstimmbar
■ Permanenter Einsatz
■ u.a.
b) ■ Ware kann meist nicht im Original demonstriert werden.
■ Als besondere PR-Maßnahme zur Imageverbesserung nicht geeignet
■ Erfolg stark vom Verkaufsgeschick des Außendienstmitarbeiters abhängig
■ Zahlung einer Verkaufsprovision und eines Fixums
■ u.a.

2 ■ Festlegung des Verkaufspreises
■ Festlegung von Lieferungs- und Zahlungsbedingungen
■ Festlegung von Sonderkonditionen in der Einführungsphase

- Festlegung von artikelbezogener Umsatzprovision für Außendienstmitarbeiter
- Produktschulung der Außendienstmitarbeiter
- Bereitstellung von Verkaufsunterlagen (Prospekte, Mustermappe für Polster)
- Ankündigung des Besuchs des Außendienstmitarbeiters
- Terminabstimmung mit Kunden
- Tourenplanung
- u. a.

1 Finanzierungsanlässe und -möglichkeiten analysieren

1.1 Investitionen als Finanzierungsanlässe

Lehrbuch Seite 129

Handlungssituation

■ Nicole Höver hat Recht. Während Investition die Anlage von Kapital in Anlage- und Umlaufvermögen für produktive Zwecke bedeutet, beinhaltet die Finanzierung die Beschaffung des Sach- und/oder Geldkapitals.

■ Folgende Ziele von Investitionen können unterschieden werden: ökonomische Ziele, soziale Ziele, ökologische Ziele
Arten von Investitionen: Sach-, Finanzinvestitionen, immaterielle Investitionen

■ Bei einer Investition werden finanzielle Mittel in Sach-, Finanzvermögen oder immaterielles Vermögen umgewandelt. Investitionen zeigen sich auf der Aktivseite der Bilanz in den Positionen Anlage- und Umlaufvermögen. Wird durch den betrieblichen Umsatzprozess Kapital freigesetzt (= Kapitalrückfluss in Form von Einnahmen), spricht man von Desinvestition. Die Finanzierung dient der Kapitalbeschaffung. Jeder Betrieb, der seinen Unternehmenszweck erreichen will, benötigt eine bestimmte Ausstattung an Kapital zur Finanzierung seiner Sach-, Finanzinvestitionen und immateriellen Investitionen. Das Kapital kann beschafft werden durch Eigenkapital- oder durch Fremdkapitalaufnahme.

Lehrbuch Seiten 131, 132

1 Ein Unternehmen wird nur dann Kapital investieren, wenn erwartet werden kann, dass die Ausgaben für die getätigte Investition in angemessener Zeit wieder in das Unternehmen durch Verkäufe von Waren oder Dienstleistungen zurückfließen. Wird durch den betrieblichen Umsatzprozess Kapital wieder freigesetzt (= Kapitalrückfluss in Form von Einnahmen), spricht man von **Desinvestition**.

2 ■ **Sachinvestitionen** als Anlage- und Vorrats- oder Lagerinvestitionen.
   – Anlageinvestitionen:
     • Ersatz verbrauchter oder veralteter Betriebsmittel durch gleichartige oder gleichwertige Betriebsmittel (**Ersatzinvestitionen**), z. B. Kauf von Industrierobotern, CNC-Maschinen
     • Erweiterung der Kapazität des Betriebes (**Erweiterungsinvestitionen**), z. B. Kauf zusätzlicher Maschinen, Gabelstapler
     • die Verbesserung der Leistungsfähigkeit des Betriebes durch Ersatz alter Betriebsmittel durch leistungsfähigere (**Rationalisierungsinvestitionen**), z. B. Kauf moderner Maschinen
   – Vorratsinvestitionen, z. B. Kauf von Lichtmaschinen, Anlassern, Katalysatoren
■ **Finanzinvestitionen:** Sie unterteilen sich in Beteiligungs- und Forderungsrechte. Der Automobilhersteller kauft Aktien, Lizenzen, Patente oder beteiligt sich an anderen Unternehmen (Beteiligungsrechte). Forderungsrechte ergeben sich für den Automobilhersteller aus
   – Darlehen, die anderen Unternehmen gewährt werden,
   – dem Kauf von festverzinslichen Wertpapieren oder
   – der Anlage von Kapital gegen Zinsen bei Geldinstituten.
■ **Immaterielle Investitionen:** Ihre wesentliche Aufgabe ist darin zu sehen, durch Kapitalanlage für Forschung, Werbung, Aus- und Weiterbildung die Wettbewerbsfähigkeit des Automobilherstellers zu erhalten bzw. zu steigern.

3 Investitionen im Personalbereich gewinnen zunehmend an Bedeutung, denn ein qualifizierter Mitarbeiter hat heute als Wettbewerbsfaktor eine zentrale Bedeutung. Folglich investieren Unternehmen in die Weiterqualifizierung ihrer Mitarbeiter. Hierzu zählen alle Ausgaben der Personalentwicklung. Es wird in das sogenannte Humanvermögen („human capital") eines Unternehmens investiert.

4 a) Sachinvestition als Erweiterungsinvestition
   b) Sachinvestition als Ersatzinvestition
   c) Immaterielle Investition als Investition im Personalbereich
   d) Finanzinvestition (Forderungsrecht)
   e) Finanzinvestition (Beteiligungsrecht)

5 ■ **Ökonomische Ziele:** Kauf eines leistungsstärkeren PC, Bau eines Hochregallagers
   ■ **Ökologische Ziele:** Kauf einer neuen verbesserten Kläranlage für die betriebseigenen Abwässer, Kauf einer Solaranlage für die Brauchwassergewinnung
   ■ **Soziale Ziele:** Kauf von ergonomisch gestalteten Bürostühlen für die Mitarbeiter; Kauf einer Schutzvorrichtung, um Arbeitsunfälle an einer Verpackungsmaschine zu verhindern

6 Individuelle Lösung.

Hinweis auf zunehmende Bedeutung des Umweltschutzes auch in Groß- und Außenhandelsbetrieben!

Material zu 1.1 Investitionen als Finanzierungsanlässe

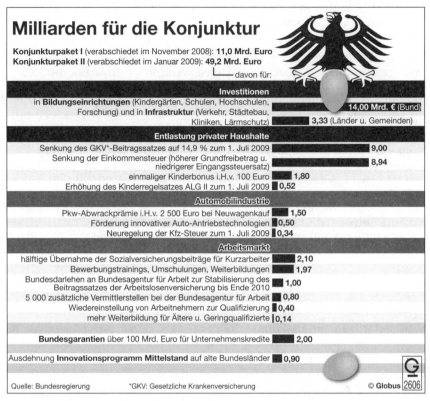

Milliarden für die Konjunktur

Konjunkturpaket I (verabschiedet im November 2008): **11,0 Mrd. Euro**
Konjunkturpaket II (verabschiedet im Januar 2009): **49,2 Mrd. Euro**
└─ davon für:

Investitionen
in **Bildungseinrichtungen** (Kindergärten, Schulen, Hochschulen, Forschung) und in **Infrastruktur** (Verkehr, Städtebau, Kliniken, Lärmschutz) — **14,00 Mrd. € (Bund)** / **3,33** (Länder u. Gemeinden)

Entlastung privater Haushalte
Senkung des GKV*-Beitragssatzes auf 14,9 % zum 1. Juli 2009 — **9,00**
Senkung der Einkommensteuer (höherer Grundfreibetrag u. niedrigerer Eingangssteuersatz) — **8,94**
einmaliger Kinderbonus i.H.v. 100 Euro — **1,80**
Erhöhung des Kinderregelsatzes ALG II zum 1. Juli 2009 — **0,52**

Automobilindustrie
Pkw-Abwrackprämie i.H.v. 2 500 Euro bei Neuwagenkauf — **1,50**
Förderung innovativer Auto-Antriebstechnologien — **0,50**
Neuregelung der Kfz-Steuer zum 1. Juli 2009 — **0,34**

Arbeitsmarkt
hälftige Übernahme der Sozialversicherungsbeiträge für Kurzarbeiter — **2,10**
Bewerbungstrainings, Umschulungen, Weiterbildungen — **1,97**
Bundesdarlehen an Bundesagentur für Arbeit zur Stabilisierung des Beitragssatzes der Arbeitslosenversicherung bis Ende 2010 — **1,00**
5 000 zusätzliche Vermittlerstellen bei der Bundesagentur für Arbeit — **0,80**
Wiedereinstellung von Arbeitnehmern zur Qualifizierung — **0,40**
mehr Weiterbildung für Ältere u. Geringqualifizierte — **0,14**

Bundesgarantien über 100 Mrd. Euro für Unternehmenskredite — **2,00**

Ausdehnung **Innovationsprogramm Mittelstand** auf alte Bundesländer — **0,90**

Quelle: Bundesregierung   *GKV: Gesetzliche Krankenversicherung   © Globus 2606

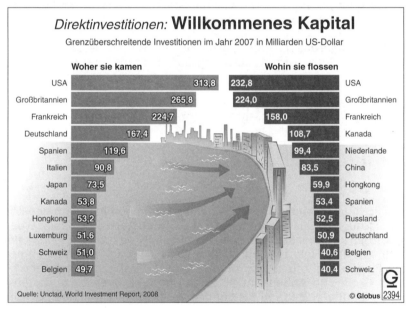

Direktinvestitionen: **Willkommenes Kapital**

Grenzüberschreitende Investitionen im Jahr 2007 in Milliarden US-Dollar

Woher sie kamen			Wohin sie flossen
USA	313,8	232,8	USA
Großbritannien	265,8	224,0	Großbritannien
Frankreich	224,7	158,0	Frankreich
Deutschland	167,4	108,7	Kanada
Spanien	119,6	99,4	Niederlande
Italien	90,8	83,5	China
Japan	73,5	59,9	Hongkong
Kanada	53,8	53,4	Spanien
Hongkong	53,2	52,5	Russland
Luxemburg	51,6	50,9	Deutschland
Schweiz	51,0	40,6	Belgien
Belgien	49,7	40,4	Schweiz

Quelle: Unctad, World Investment Report, 2008   © Globus 2394

Warum Jungunternehmen scheitern

Gründe für den Misserfolg von Existenzgründungen* in %

Auftragsmangel — **43 %**
Finanzierungsengpässe — **31**
sonstige wirtschaftliche Gründe — **22**
Unternehmenskonzept — **14**
persönliche Gründe — **11**
familiäre Gründe — **10**
sonstige Gründe — **18**

Quelle: IAB   © Globus 7038   Mehrfachnennungen
*durch das Arbeitsamt gefördert

1.2 Möglichkeiten der Finanzierung

Lehrbuch Seite 132

Handlungssituation

■ Das Umlaufvermögen sollte mit mittel- und kurzfristigem Fremdkapital finanziert werden, da es in absehbarer Zeit wieder in Kapital umgesetzt wird. Darlehenskredite sind in erster Linie für die Anschaffung von Anlagevermögen geeignet.

■ Die Höhe des Kapitalbedarfs eines Groß- und Außenhandelsunternehmens hängt von vielen Faktoren ab, u. a. von der Branche, den Waren (Sortiment, durchschnittliche Lagerdauer, Umschlagshäufigkeit, Mindestbestand), der Marketing-Konzeption, den Handlungskosten, den Zahlungsgewohnheiten der Branche. Bei der Neugründung eines Unternehmens sind zusätzlich die Planungskosten, die Kosten für Baumaßnahmen, die Anlaufkosten und die Kosten der Rechtsform zu berücksichtigen.

1 Jedes Groß- und Außenhandelsunternehmen benötigt sowohl zur Gründung als auch zur Durchführung der laufenden Geschäftstätigkeit Kapital. Dieses Kapital muss beschafft werden, z. B. durch eigene Einlagen des Unternehmers (Eigenkapital) oder durch Aufnahme von Bankkrediten (Fremdkapital). Die Beschaffung von Geld- oder Sachkapital (z. B. Grundstücke, Gebäude) bezeichnet man als Finanzierung (= Mittelherkunft), die Anlage von Geld- oder Sachkapital im Betriebsvermögen (Anlage- und Umlaufvermögen) als Investition (= Mittelverwendung).

2 Die Beschaffung und Verwendung des Kapitals ist aus der Bilanz eines Unternehmens zu ersehen.
■ Die Aktivseite erfasst die Formen des Vermögens, d. h. die Mittelverwendung = Investitionen.
■ Die Passivseite erfasst die Quellen des Kapitals, d. h. die Mittelherkunft = Finanzierung.
Die Aktivseite (= Vermögen) der Bilanz gibt die Kapitalverwendung = Investition, die Passivseite (= Kapital) die Kapitalherkunft = Finanzierung an.

3 Das Anlagevermögen sollte weitestgehend mit Eigenkapital bzw. in geringem Umfang mit langfristigem Fremdkapital finanziert werden. Einige Posten des Anlagevermögens, z. B. Grundstücke, Gebäude, bleiben sehr lange im Betrieb, das Kapital ist also in diesen Posten des Anlagevermögens gebunden. Andere Posten des Anlagevermögens, z. B. Fuhrpark, Geschäftsausstattung, verbleiben mittelfristig im Betrieb, sie nutzen sich aber im Laufe der Zeit ab (Fuhrpark) oder werden unmodern (Geschäftsausstattung) und müssen erneuert werden. Die Mittel für die Neuanschaffung dieser Posten werden in der Kalkulation berücksichtigt, indem in den Verkaufspreisen die entsprechenden Abschreibungsbeträge eingerechnet werden. Wenn ein Groß- und Außenhändler einen großen Teil seines Anlagevermögens mit Fremdkapital finanziert, dann ergeben sich für ihn folgende Konsequenzen:
■ hohe Zinsbelastung,
■ hohe Tilgungsraten,
■ steuerliche Absetzbarkeit der Zinsen.
Durch die hohe Fremdkapitalbelastung entstehen möglicherweise Liquiditätsengpässe.

4 Goldene Finanzierungsregel: Aufgenommenes Fremdkapital soll erst dann fällig werden, wenn die damit finanzierten Investitionen des Anlage- und Umlaufvermögens durch die Umsatzerlöse wieder zu Kapital geworden sind, um die Zahlungsfähigkeit des Groß- und Außenhandelsunternehmens jederzeit zu gewährleisten.

5 Die Höhe des Kapitals, das ein Groß- und Außenhandelsunternehmen benötigt, hängt von einer Vielzahl von Faktoren ab. So ist bei einer Neugründung ein anderer Kapitalbedarf erforderlich als bei einer Betriebserweiterung. Im Wesentlichen ist der Kapitalbedarf abhängig von
■ der Branche,
■ den Waren (Sortiment, durchschnittliche Lagerdauer, Umschlagshäufigkeit, Mindestbestand),
■ der Marketing-Konzeption (Verkaufsform, Betriebsform, Betriebsgröße, Betriebs- und Geschäftsausstattungen, Dienstleistungen),
■ den Handlungskosten,
■ den Zahlungsgewohnheiten der Branche (der Kunden, der Lieferer).
Bei einer Neugründung und bei Umbaumaßnahmen von Groß- und Außenhandelsbetrieben hängt der Kapitalbedarf von folgenden zusätzlichen Faktoren ab:
■ Planungskosten,
■ Kosten für Baumaßnahmen,
■ Anlaufkosten,
■ Rechtsform.

6 Ein Groß- und Außenhandelsbetrieb sollte immer seinen finanziellen Verpflichtungen nachkommen können. Allerdings sollten auch keine überschüssigen Gelder ungenutzt im Betrieb vorhanden sein, wenn sie nicht gewinnbringend eingesetzt werden können. Infolgedessen erstellt ein Groß- und Außenhändler einen Finanzplan (nicht zu verwechseln mit dem Finanzierungsplan), in dem die erwarteten Einnahmen und Ausgaben für einen bestimmten Planungszeitraum (z. B. Monat, Quartal, Halbjahr) gegenübergestellt werden. Somit verschafft sich ein Groß- und Außenhändler einen Überblick über die erwarteten Einnahmen und Ausgaben. Hierbei muss er überprüfen, ob die Summe der erwarteten Einnahmen mindestens so groß ist wie die Summe der zu erwartenden Ausgaben.

1.3 Berücksichtigung der wirtschaftliche Lage eines Groß- und Außenhandelsunternehmens und der Rahmendaten des Kapitalmarktes

Lehrbuch Seiten 136, 137

Handlungssituation
■ Die Bilanz erteilt Auskunft über die Finanz- und Vermögenslage.
Aus der **Passivseite** ist erkennbar, woher das Kapital der Unternehmung kommt und wie lange es zur Verfügung steht. Daraus sind ableitbar
– Verschuldung
– Tilgungs- und Zinsendienst und daraus resultierende künftige Liquiditätsbelastungen

Aus der **Aktivseite** ist die Vermögenslage zu erkennen, nämlich
- das Anlagevermögen als Grundlage der Betriebsbereitschaft
- das Umlaufvermögen als Gewinnträger und Quelle liquider Mittel
- die liquiden Mittel zur Abschätzung der momentanen Zahlungsfähigkeit

■ Der Kredit sollte aufgrund der vorliegenden Bilanzen gewährt werden, da die Primus GmbH über hohe Gewinnrücklagen und einen Jahresüberschuss verfügt.

Lehrbuch Seiten 142, 143

1 a) **Eigenkapitalrentabilität** (Unternehmerrentabilität) $= \dfrac{\text{Gewinn} \cdot 100}{\text{Eigenkapital}} = \dfrac{680.000,00 \cdot 100}{2.720.000,00} = \underline{\underline{25\,\%}}$

b) **Rentabilität des Gesamtkapitals** (Unternehmungsrentabilität) $= \dfrac{(\text{Gewinn} + \text{Fremdkapitalzinsen}) \cdot 100}{\text{Gesamtkapital}} =$

$\dfrac{(680.000,00 + 204.000,00) \cdot 100}{5.200.000,00} = \underline{\underline{17\,\%}}$

c) **Umsatzrentabilität** $= \dfrac{\text{Gewinn} \cdot 100}{\text{Umsatzerlöse}} = \dfrac{680.000,00 \cdot 100}{13.600.000,00} = \underline{\underline{5\,\%}}$

2 a) **Kapitalaufbau** $= \dfrac{\text{Eigenkapital}}{\text{Fremdkapital}} = \dfrac{3.000.000,00}{2.000.000,00} = \underline{\underline{1,5}}$

b) **Eigenkapitalrentabilität** (Unternehmerrentabilität) $= \dfrac{\text{Gewinn} \cdot 100}{\text{Eigenkapital}} = \dfrac{900.000,00 \cdot 100}{3.000.000,00} = \underline{\underline{30\,\%}}$

c) **Rentabilität des Gesamtkapitals** $= \dfrac{(\text{Gewinn} + \text{Fremdkapitalzinsen}) \cdot 100}{\text{Gesamtkapital}} =$

$\dfrac{(900.000,00 + 100.000,00) \cdot 100}{5.000.000,00} = \underline{\underline{20\,\%}}$

d) **Umsatzrentabilität** $= \dfrac{\text{Gewinn} \cdot 100}{\text{Umsatzerlöse}} = \dfrac{900.000,00 \cdot 100}{14.000.000,00} = \underline{\underline{6,43\,\%}}$

3 a) Gesamtkapital $= 2.100.000,00$ EUR

$2.100.000,00$ EUR $= 100\,\%$
$1.350.000,00$ EUR $= x$ $x = \underline{64,29\,\%}$ Anteil Eigenkapital

$2.100.000,00$ EUR $= 100\,\%$
$750.000,00$ EUR $= x$ $x = \underline{35,71\,\%}$ Anteil Fremdkapital

b) Gesamtvermögen $2.100.000,00$ EUR

$2.100.000,00$ EUR $= 100\,\%$
$900.000,00$ EUR $= x$ $x = \underline{42,86\,\%}$ Anteil Anlagevermögen

$2.100.000,00$ EUR $= 100\,\%$
$1.200.000,00$ EUR $= x$ $x = \underline{57,14\,\%}$ Anteil Umlaufvermögen

c) **Liquidität** 1. Grades $= \dfrac{\text{Liquide Mittel} \cdot 100}{\text{kurzfristige Schulden}} = \dfrac{150.000,00 \cdot 100}{250.000,00} = \underline{\underline{60\,\%}}$

Liquidität 2. Grades $= \dfrac{(\text{Liquide Mittel} + \text{kurzfristige Forderungen}) \cdot 100}{\text{kurzfristige Schulden}} = \dfrac{(150.000,00 + 30.000,00) \cdot 100}{250.000,00} = \underline{\underline{72\,\%}}$

d) **Unternehmerrentabilität** $= \dfrac{\text{Jahresüberschuss} \cdot 100}{\text{Eigenkapital}} = \underline{\underline{20\,\%}}$

e) **Umsatzrentabilität** $= \dfrac{\text{Jahresüberschuss} \cdot 100}{\text{Umsatzerlöse}} = \dfrac{270.000,00 \cdot 100}{3.375.000,00} = \underline{\underline{8\,\%}}$

4 **Kapitalaufbau (Finanzierung – Passivseite):** Die **Passivseite** enthält wichtige Informationen über die **Finanzierung** eines Unternehmens. Sie gibt Auskunft über die Herkunft des Kapitals durch den getrennten Ausweis von **Eigen-** und **Fremdkapital** (Schulden).
Entsprechend der Gliederung der Kapitalien nach Überlassungsfristen können für die Passivseite der Bilanz **Intensitätskennziffern** (bzw. **Quoten**) berechnet werden.

Eigenkapitalintensität (Eigenkapitalquote) $= \dfrac{\text{Eigenkapital} \cdot 100}{\text{Gesamtkapital}}$ **Fremdkapitalintensität (Anspannungskoeffizient)** $= \dfrac{\text{Fremdkapital} \cdot 100}{\text{Gesamtkapital}}$

1.4 Finanzierungmöglichkeiten nach Herkunft und Fristigkeit

Lehrbuch Seite 143

Handlungssituation

■ Es ist abzuwägen, ob die Primus GmbH eine langfristige Fremdkapitalverpflichtung mit Tilgungsraten und Zinsen eingehen will oder ob sie das Beteiligungsangebot der Karl Laga & Co. KG annehmen will, wobei sich im letzteren Fall eine Änderung der Herrschaftsverhältnisse in der GmbH ergibt. Die Erhöhung des Kapitalanteils von Geschäftsführerin Primus wäre für die GmbH günstig, da sich hieraus keine Änderung der Herrschaftsverhältnisse ergibt. Allerdings müsste zusätzlich das Darlehensangebot der Bank in Anspruch genommen werden, woraus sich eine längerfristige Belastung durch Tilgungsraten und Zinsen ergibt.

■ Individuelle Lösung.

■ Individuelle Lösung.

Lehrbuch Seiten 148, 149

1 Einlagen- bzw. Beteiligungsfinanzierung (Eigenfinanzierung): Hier wird dem Unternehmen Eigenkapital auf unbestimmte Zeit zur Verfügung gestellt, der Kapitalgeber ist am Gewinn und Verlust beteiligt.

■ **Einlagenfinanzierung:** Stellen der Eigentümer (Einzelunternehmung) bzw. die Gesellschafter (KG) dem Unternehmen das Kapital zur Verfügung, spricht man von Einlagenfinanzierung. Bei dieser Finanzierung erwirbt der Kapitalgeber Eigentum am Unternehmen. In der Bilanz erscheint das eingebrachte Kapital unter dem Posten Eigenkapital (Haftungskapital) auf der Passivseite.

■ **Beteiligungsfinanzierung:** Bei der GmbH bringen die Gesellschafter mit ihren Stammeinlagen das im Gesellschaftsvertrag festgelegte Stammkapital auf. Bei der Beteiligungsfinanzierung an einer GmbH können entweder das Stammkapital der vorhandenen Gesellschafter erhöht oder neue Gesellschafter aufgenommen werden. In der Bilanz erscheint das eingebrachte Kapital unter Eigenkapital/Gezeichnetes Kapital auf der Passivseite.

2 a) Einlagenfinanzierung (= Eigenfinanzierung)
  b) Beteiligungsfinanzierung (= Eigenfinanzierung)
  c) Einlagenfinanzierung (= Eigenfinanzierung)
  d) Fremdfinanzierung
  e) offene Selbstfinanzierung (= Eigenfinanzierung)

3 a) **Vorteile einer Finanzierung mit Eigenkapital:**
   ■ Eigenkapital steht zeitlich unbefristet zur Verfügung,
   ■ keine laufenden Zins- und Tilgungsraten, dadurch wird die ständige Zahlungsbereitschaft (Liquidität) nicht beeinflusst; zwar muss das Eigenkapital in Form von Gewinnausschüttungen verzinst werden, die Höhe dieser Ausschüttungen wird aber von den Eigentümern selbst festgelegt,
   ■ Kreditwürdigkeit steigt, da das Haftungskapital größer wird, es kann somit leichter Fremdkapital beschafft werden.
  b) **Argumente, die für den Vorschlag von Herrn Müller sprechen:**
   Bei dieser Finanzierung fließt der Unternehmung **durch Kreditgeber Kapital von außen zu**. Die Gläubiger werden keine Teilhaber des Unternehmens, sie haben einen Anspruch auf Verzinsung und pünktliche Tilgung ihres Kredites. Allerdings haben sie kein Mitspracherecht im Unternehmen und keinen Anspruch auf einen Gewinnanteil. Die entstehenden Kreditkosten können steuerlich abgesetzt werden.
  c) Individuelle Lösung.

4 Unter Selbstfinanzierung versteht man eine Finanzierung aus erwirtschafteten und einbehaltenen Gewinnen (**Gewinnthesaurierung**), die nicht ausgeschüttet, sondern wieder investiert werden. Durch diesen Vorgang erhöht sich das Eigenkapital. Das Unternehmen finanziert sich aus eigener Kraft mit den Mitteln, die erwirtschaftet wurden. Bei dieser Finanzierung spricht man von **offener Selbstfinanzierung**, weil der einbehaltene Gewinn in der Bilanz offen ausgewiesen wird.
Bei Einzelunternehmen und Personengesellschaften werden die Gewinne den Kapitalkonten der Inhaber gutgeschrieben. Bei der GmbH wird der Gewinn den offenen Rücklagen zugeführt. Bei Kapitalgesellschaften bleibt das gezeichnete Kapital wegen der Haftungsbeschränkung konstant.
Neben dem Gewinn können **stille Rücklagen**, die in einem Unternehmen gebildet worden sind, für die Finanzierung von Investitionsvorhaben herangezogen werden. Man spricht in diesem Fall von **stiller oder verdeckter Selbstfinanzierung**.

5 a) Die Kapitalbeschaffung erfolgt bei der KG dadurch, dass die Gesellschafter durch Einlagen Eigenkapital für das Unternehmen aufbauen. Bei einer Beteiligung eines Gesellschafters an einer KG erwirbt der Kapitalgeber Eigentum am Unternehmen. In der Bilanz erscheint das eingebrachte Kapital unter dem Posten Eigenkapital (Haftungskapital) auf der Passivseite.
   Bei einer GmbH bringen die Gesellschafter mit ihren Stammeinlagen das im Gesellschaftsvertrag festgelegte Stammkapital auf.
  b) ■ Teilhafter sind bei der **KG** nur dann zu gewinnen, wenn eine höhere Verzinsung der Einlage als auf dem Kapitalmarkt zu erzielen ist. Die Kommanditisten sind nicht an der Geschäftsführung beteiligt.

- Bei der **GmbH** sind Gesellschafter oft nur dann zu gewinnen, wenn ihnen als Geschäftsführer Einflussmöglichkeiten auf das Betriebsgeschehen eingeräumt wird. Dieses bedeutet einen Verlust an Selbstständigkeit. Durch die Beschränkung der Haftung ist eine GmbH nicht so kreditwürdig wie eine KG.

6 **Nach der Laufzeit der Kredite** (Überlassungsfrist) wird unterschieden in
- **langfristige Kredite:** Zu ihnen zählt man Darlehen mit einer **Laufzeit von über vier Jahren.** Es sind meistens Kredite, die zur Finanzierung des **Anlagevermögens** aufgenommen werden. Das Unternehmen muss dem Kreditgeber entsprechende Sicherheiten (Grundschuld, Sicherungsübereignung) bieten können.
- **mittelfristige Kredite:** Zu ihnen zählen Darlehen mit einer **Laufzeit von ein bis vier Jahren.** Sie werden für die Finanzierung kurzlebiger Güter des **Anlagevermögens** aufgenommen (z. B. Fuhrpark, Maschinen, Computer).
- **kurzfristige Kredite:** Sie haben eine **Laufzeit bis zu einem Jahr** und werden in erster Linie für die Finanzierung des **Umlaufvermögens,** insbesondere der Waren, aufgenommen.

7 Der Finanzierung aus Abschreibungen kommt in allen Unternehmen eine wesentliche Bedeutung zu. Jedes Unternehmen kalkuliert Abschreibungen in seine Verkaufspreise ein. Infolgedessen fließen die Abschreibungen über die Verkaufspreise in das Unternehmen zurück (**Refinanzierung**). Da diese Geldmittel dem Unternehmen kontinuierlich zufließen, stehen sie lange vor dem Ersatzzeitpunkt der Anlage zur Verfügung und können für Finanzierungszwecke verwendet werden. Bei der Finanzierung aus Abschreibungen werden Investitionen (im Anlagevermögen) in liquide Mittel (im Umlaufvermögen) umgewandelt, d. h., bilanzmäßig liegt ein Aktivtausch vor.

8 Individuelle Lösung.

2 Kreditarten bei der Fremdfinanzierung beurteilen

2.1 Kurz- und langfristige Fremdfinanzierung

Lehrbuch Seite 149

Handlungssituation
- Ein Kreditinstitut will bei der Vergabe von Krediten an einen Kreditnehmer sichergehen, dass der gewährte Kredit auch zurückbezahlt wird. Daher überprüft das Kreditinstitut die Primus GmbH als Kreditnehmer auf ihre Kreditwürdigkeit. Hierzu werden Betriebsprüfungen vorgenommen und Auskünfte von öffentlichen und gewerblichen Auskunfteien eingeholt. An Unterlagen sollte Nicole Höver eine Abschrift der letzten beiden Bilanzen und GuV-Rechnungen bereitstellen.

- Nach der Art der Tilgung lassen sich folgende **Darlehensarten** unterscheiden:

Darlehensarten	Art der Tilgung	Kreditkosten
Festdarlehen	Darlehen wird zum Ende der Laufzeit in einer Summe zurückgezahlt	– Zinsen des Darlehens
Annuitätendarlehen	Der Kreditnehmer erbringt jährlich gleichbleibende Leistungen (Tilgung + Zinsen)	– Zinsen der jeweiligen Restdarlehensschuld
Abzahlungsdarlehen	Der Kreditnehmer erbringt jährlich fallende Leistungen (Tilgung + Zinsen)	– Zinsen der jeweiligen Restdarlehensschuld
Ratenkredit	Darlehen wird in festen monatlichen Raten zurückgezahlt	– einmaliges Bearbeitungsentgelt – Zinsen (Monatssatz vom Anfangsdarlehen)

Lehrbuch Seiten 154, 155

1 Name und Anschrift der Vertragspartner, Kredithöhe, Auszahlung bei Darlehen, Verwendungszweck, nominaler und effektiver Zinssatz, Zinstermine, Rückzahlung bzw. Kündigung des Kredites, Kreditsicherung, falls erforderlich

2 a) $34.500,00 - 3\% = 33.465,00$ EUR

b) $\text{Zinsen} = \dfrac{\text{Kapital} \cdot \text{Zeit} \cdot \text{Zinssatz}}{100 \cdot 360} = \dfrac{33.465,00 \cdot 46 \cdot 14}{100 \cdot 360} = \underline{\underline{598,65 \text{ EUR}}}$

c)
Skonto	1.035,00 EUR
– Kosten des Bankkredits	598,65 EUR
Finanzierungsgewinn	436,35 EUR

d) 46 Tage = 3 %
360 Tage = x $\quad$ x = $\underline{\underline{23,48\,\%}}$ Effektivzinssatz

3 Siehe Arbeitsauftrag 2 auf S. 29

4 Bevor ein Kreditinstitut einem Kunden einen Kredit gewährt, wird eine Kreditprüfung vorgenommen. Hierbei wird die **Kreditfähigkeit** und die **Kreditwürdigkeit (Bonität)** des Kunden überprüft. **Kreditfähig sind**
- alle natürlichen Personen, die voll geschäftsfähig sind,
- alle juristischen Personen,
- alle handelsrechtlichen Personenvereinigungen (KG).

Bei der Kreditwürdigkeit wird überprüft, ob ein Kreditnehmer in der Lage ist, einen aufgenommenen Kredit zurückzuzahlen. Hierzu werden eine sachliche und eine persönliche Kreditwürdigkeitsprüfung der Person des Kreditnehmers vorgenommen. Im Rahmen der **sachlichen Kreditwürdigkeitsprüfung** können u. a. überprüft werden:
- GuV-Rechnung, Bilanz, Anhang, Lagebericht, Geschäftsbücher, Steuerunterlagen, Gesellschaftsvertrag.
- Handelsregister-, Grundbuchauszüge.

Zur **persönlichen Kreditwürdigkeitsprüfung** zählen bei natürlichen Personen die Überprüfung von
- persönlichen Daten,
- fachlichen Qualifikationen,
- persönlichen Haftungsverhältnissen.

5 a) **Angebot 1. Kreditinstitut**

9 % Zinsen/3 Jahre von 200.000,00 EUR	54.000,00 EUR
+ Bearbeitungsentgelt	800,00 EUR
Kosten des Kredits	54.800,00 EUR

Angebot 2. Kreditinstitut

8 % Zinsen/3 Jahre von 200.000,00 EUR	48.000,00 EUR
+ 1 % Disagio von 200.000,00 EUR	2.000,00 EUR
+ 0,5 % Bearbeitungsentgelt	1.000,00 EUR
Kosten des Kredits	51.000,00 EUR

b) Die Kosten des Kredites entstehen für die Laufzeit von 3 Jahren.

$$\text{Zinssatz} = \frac{54.800 \cdot 100}{200.000 \cdot 3} = 9,13\,\% \qquad \text{Zinssatz} = \frac{51.000 \cdot 100}{198.000 \cdot 3} = 8,59\,\%$$

Es ist für die Primus GmbH günstiger, das Angebot des zweiten Kreditinstitutes anzunehmen, da der Effektivzinssatz für dieses Darlehen geringer ist.

6 a) Individuelle Lösung.
b) Auf dem Kapitalmarkt herrscht zwischen den verschiedenen Kreditinstituten ein harter Wettbewerb. Ferner ergeben sich aus den unterschiedlichen Kreditsicherungsmöglichkeiten unterschiedliche Zinssätze.

7 3.

Material zu 2.1 Kurz- und langfristige Fremdfinanzierung

2.2 Anwendung der Zinsrechnung bei der Fremdfinanzierung

Lehrbuch Seite 155

Handlungssituation

- $Z = \dfrac{K \cdot i \cdot p}{100 \cdot 1} = \dfrac{70.000,00 \text{ EUR} \cdot 2 \cdot 6}{100} = 8.400,00 \text{ EUR}$

- $p = \dfrac{Z \cdot 100 \cdot 1}{K \cdot i} = \dfrac{9.100,00 \text{ EUR} \cdot 100 \cdot 1}{70.000,00 \text{ EUR} \cdot 2} = 6,5\%$

- Frau Primus sollte das Angebot der Sparkasse Duisburg annehmen, da diese einen niedrigeren Zinssatz anbietet.

Lehrbuch Seiten 162 bis 165

1 a) 360,00 EUR   b) 540,00 EUR   c) 600,00 EUR   d) 720,00 EUR
e) 1.000,00 EUR   f) 1.140,00 EUR

2 a) Z =   78,00 EUR   Rückzahlung: 858,00 EUR
b) Z =   806,20 EUR   Rückzahlung: 3.586,20 EUR
c) Z =   2.420,00 EUR   Rückzahlung: 11.220,00 EUR
d) Z =   11.733,33 EUR   Rückzahlung: 33.733,33 EUR

3 a) 358,60 EUR   b) 3.202,50 EUR   c) 3.151,20 EUR   d) 11.596,00 EUR
e) 24.600,00 EUR

4 a) 16,06 EUR   b) 37,50 EUR   c) 285,00 EUR   d) 721,12 EUR   e) 1.118,29 EUR

5 Z = 2.380,00 EUR   Rückzahlung.:   36.380,00 EUR

6 Z =   520,00 EUR (Zinsen für Darlehen von   12.000,00 EUR)
Z =   333,87 EUR

Rückzahlung	12.520,00 EUR
+ Zinsen	333,87 EUR
Rückzahlung insgesamt	12.853,87 EUR

7 a) 179   b) 176   c) 96   d) 108   e) 178
f) 181   g) 33   h) 110   i) 76

8 a) 19,65 EUR   b) 54,44 EUR   c) 38,50 EUR   d) 231,73 EUR
e) 372,42 EUR

9

	Zinsen	Rückzahlung
a)	373,28 EUR	12.973,28 EUR
b)	2.907,55 EUR	63.807,55 EUR
c)	152,50 EUR	4.362,50 EUR
d)	396,70 EUR	9.586,70 EUR
e)	61,07 EUR	2.726,07 EUR

10 770,00 EUR

11 554,17 EUR

12 a) 162 Tage   b) 183,60 EUR

13 a) 3,5 %   b) 4 %   c) 8 %   d) 8 %   e) 3,75 %
f) 9 %   g) 20 %

14 3,6 %

15 6 2/3 %

16 8,75 %

17 2.160 · 12 =   25.920,00 EUR Mieteinnahmen
+ 17.280,00 EUR eigene Miete
43.200,00 EUR gesamter Mietertrag
− 13.600,00 EUR Kosten
29.600,00 EUR Ertrag

$$p = \frac{29.600,00 \cdot 100 \cdot 360}{480.000,00 \cdot 360} = \underline{\underline{6\ 1/6\ \%}}$$

18

Gesellschafter	Kapital in EUR	Gewinnanteil in EUR
Kaufmann		68.000,00
Ehefrau	100.000,00	6.000,00
Sohn	60.000,00	3.600,00
Tochter	40.000,00	2.400,00
		80.000,00

a) $p = \dfrac{3.600,00 \cdot 100 \cdot 360}{60.000,00 \cdot 360} = \underline{\underline{6\ \%}}$

b) $\underline{\underline{12.000,00\ \text{EUR}}}$

c) 15 % – 12.000,00 EUR $x = \underline{\underline{80.000,00\ \text{EUR}}}$
100 % – x

19 a) Betrag der AR: $\dfrac{15.382,40 \cdot 100}{101,33333} = \underline{\underline{15.180,00\ \text{EUR}}}$

b) 1310   15.382,40   an 1010   15.382,40

20   30 Tage – 2 %
360 Tage – x $x = \dfrac{2 \cdot 360}{30} = \underline{\underline{24\ \%}}$

21 a) 100 % – 8.640,00 EUR
    2 % –   x $x = \underline{\underline{172,80\ \text{EUR}}}$

b)   8.640,00 EUR   Rechnungsbetrag
   –   172,80 EUR   Skonto
    8.467,20 EUR   erforderlicher Bankkredit

c) $Z = \underline{\underline{47,04\ \text{EUR}}}$

d)   20 Tage – 2 %
   360 Tage – x $x = \dfrac{2 \cdot 360}{20} = \underline{\underline{36\ \%}}$

22 a) 100   % – 3.600,00 EUR
   97,5 % –   x $x = \underline{\underline{3.510,00\ \text{EUR}}}$

b) $\underline{\underline{30\ \text{Tage}}}$

c) $Z = \dfrac{3.510,00 \cdot 10 \cdot 30}{100 \cdot 360} = \underline{\underline{29,25\ \text{EUR}}}$

d)   90,00 EUR   Skontoertrag
   – 29,25 EUR   Zinsen für Kontokorrentkredit
    60,75 EUR   Finanzierungsgewinn

23 a) 100   % – 15.200,00 EUR
   97,5 % –   x $x = \underline{\underline{14.820,00\ \text{EUR}}}$

b) $Z = \dfrac{14.820,00 \cdot 20 \cdot 11}{100 \cdot 360} = \underline{\underline{90,57\ \text{EUR}}}$

c)   380,00 EUR   Skontoertrag
   –   90,57 EUR   Zinsen für Kredit
    289,43 EUR   Finanzierungsgewinn

2.3 Leasing und Factoring als Sonderformen der Finanzierung und Kreditkostenvergleich

Lehrbuch Seite 165

Handlungssituation

■ Die Primus GmbH hat die Möglichkeit, die benötigten Personalcomputer zu leasen, da sie im Moment nicht über ausreichende Mittel für den Kauf dieser Anlagegüter verfügt. Die Primus GmbH könnte dann die Erlöse aus dem Verkauf der neuen Waren für die Leasingkosten und andere Investitionsvorhaben verwenden. Selbstverständlich können auch andere Gegenstände des Anlagevermögens geleast werden.

■ Hinsichtlich der Leasingverträge können das Operating- und das Financial-Leasing unterschieden werden.

■ Factoring stellt eine **besondere Form der Forderungsabtretung (Zession)** dar und ist als besondere Finanzierungshilfe des Umlaufvermögens einer Unternehmung gedacht. Sogenannte **Factoring-Banken** kaufen von ihren Kunden offene Forderungen aus Lieferungen und Leistungen auf. So kann ein Unternehmen seine gesamten Forderungen gegen seine Kunden an eine Factoring-Bank verkaufen. Das Unternehmen erhält dann von der Factoring-Bank den Rechnungsbetrag abzüglich der Zinsen und einer Factoring-Provision.

Lehrbuch Seiten 171, 172

1 a) Folgende Gegenstände können von der Primus GmbH geleast werden:
■ **Leasing von beweglichen Gegenständen = Mobilien-Leasing** (Maschinen, Computer, Fotokopierer, Regalsysteme, Arbeitskleidung, Fahrzeuge, Telefonanlagen usw.)
Das Leasing einzelner Ausrüstungsgegenstände wird auch als **Equipment-Leasing** bezeichnet.
■ **Immobilien-Leasing** (Lagerräume, Verwaltungsgebäude, Grundstücke), das Leasing ganzer Betriebsanlagen wird auch als **Plant-Leasing** bezeichnet.
b) Die Primus GmbH kann ihren Kunden alle Waren der Warengruppen „Bürotechnik" und „Büroeinrichtung" als Leasingobjekte anbieten.

2 Folgende Vorteile können sich für die Kunden der Primus GmbH ergeben, wenn sie von der Primus GmbH Büromöbel leasen würden:
■ Geleaste Objekte sind ständig auf dem neuesten Stand der Technik, vorausgesetzt, es werden keine langfristigen Leasingverträge abgeschlossen;
■ Leasingnehmer hat bestimmte monatliche Raten, die genaue Kalkulation ermöglichen;
■ Verringerung des Kapitalbedarfs;
■ Kreditsicherheiten sind nicht erforderlich;
■ Leasingkosten können aus den laufend erwirtschafteten Erträgen des Leasingobjekts bezahlt werden.
■ Keine Aktivierung der Leasinggüter in der Bilanz, Abzugsfähigkeit der Leasingraten als Betriebskosten.

3 Individuelle Lösung.

4 a) **Leasinggeber** kann der Hersteller des Anlagegutes, z. B. Maschinen-, Fahrzeughersteller (= **direktes Leasing**) oder eine Leasing-Gesellschaft sein, die die Gegenstände vom Hersteller gekauft hat und sie nun im Rahmen des Leasing gegen Entgelt zur Verfügung stellt (= **indirektes Leasing**).
b) **Leasing von beweglichen Gegenständen = Mobilien-Leasing**
Leasing von Grundstücken, Gebäuden = Immobilien-Leasing
c) ■ **Operating-Leasing:** Bei dieser Form hat der Leasingnehmer das **Recht, den Vertrag jederzeit zu kündigen**, da keine feste Grundleasingzeit vereinbart worden ist. Der Leasinggeber trägt somit das volle Investitionsrisiko. Hieraus ergibt sich der Vorteil für den Leasingnehmer, dass er immer die neueste Technologie zur Verfügung hat. Es handelt sich um Leasingobjekte, die nach Beendigung des Leasingverhältnisses vom Leasinggeber erneut anderen Leasingnehmern zur Verfügung gestellt werden können.
■ **Financial-Leasing** (Finanzierungsleasing): Hier handelt es sich um **langfristige Verträge**, die **während der Grundleasingzeit unkündbar** sind. Nach Ablauf der Grundleasingzeit kann der Leasingnehmer entscheiden, ob er den Vertrag verlängern oder einen neuen Vertrag über ein neues Leasingobjekt abschließen will. Er kann das Leasingobjekt auch vom Leasinggeber kaufen. Bei dieser Leasingform trägt der Leasingnehmer das Investitionsrisiko, d. h. das Risiko der wirtschaftlichen Wertminderung durch technischen Fortschritt.

5 a) Der Factor stellt der Primus GmbH folgende Beträge pro Monat in Rechnung:

Zinsen 14 % $\quad Z = \dfrac{K \cdot i \cdot p}{100 \cdot 360} \qquad Z = \dfrac{340.000,00 \cdot 30 \cdot 14}{100 \cdot 360} \qquad Z = \underline{\underline{3.966,67 \text{ EUR}}}$

Zinsen pro Monat	= 3.966,67 EUR
Provision 3 % von 340.000,00 EUR	= 10.200,00 EUR
Kosten insgesamt pro Monat	14.166,67 EUR

b) Factoring verursacht relativ hohe Kosten. Diese Kosten sind nur dann akzeptabel, wenn die vorzeitig zur Verfügung gestellten liquiden Mittel anderweitig mit hoher Rendite eingesetzt werden können, z. B. beim Rechnungsausgleich mit Skonto.

Material zu 2.3 Leasing und Factoring als Sonderform der Finanzierung und Kreditkostenvergleich

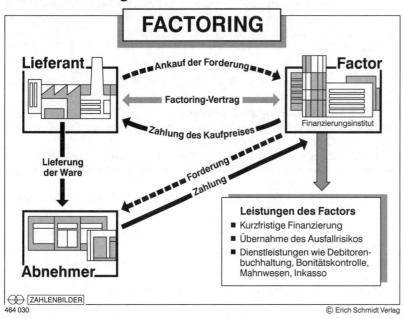

FACTORING

Lieferant

Ankauf der Forderung

Factoring-Vertrag

Zahlung des Kaufpreises

Lieferung der Ware

Forderung
Zahlung

Factor
Finanzierungsinstitut

Abnehmer

Leistungen des Factors
- Kurzfristige Finanzierung
- Übernahme des Ausfallrisikos
- Dienstleistungen wie Debitorenbuchhaltung, Bonitätskontrolle, Mahnwesen, Inkasso

ZAHLENBILDER
464 030

© Erich Schmidt Verlag

2.4 Kreditsicherungsmöglichkeiten

Lehrbuch Seite 172

Handlungssituation

- Der Geschäftsführer Markus Müller kann der Bank u. a. die ausstehenden Forderungen als Sicherheit anbieten. Es empfiehlt sich eine stille Zession, da der Schuldner der Primus GmbH dann nichts von der Forderungsabtretung erfährt.

- Individuelle Lösung.

Lehrbuch Seite 182

1 Bürgschaftskredit: Die Bürgschaft entsteht durch einen Vertrag zwischen dem Kreditgeber und dem Bürgen, wonach der Bürge für die Erfüllung der Verbindlichkeiten des Kreditnehmers haftet. Wird ein Bürge von einem Kreditgeber in Anspruch genommen, kann er das Geld vom Kreditnehmer zurückverlangen. Haften bei einem Bürgschaftskredit mehrere Bürgen neben dem Kreditnehmer, spricht man von einer **gesamtschuldnerischen Bürgschaft**.

Man unterscheidet zwei Arten der Bürgschaft:
- **Ausfallbürgschaft:** Bei dieser Bürgschaft muss der Bürge erst dann zahlen, wenn der Kreditgeber nachweisen kann, dass der Kreditnehmer zahlungsunfähig ist. Der Bürge hat somit das **„Recht der Einrede der Vorausklage"**. Der Nachweis ist erbracht, wenn der Kreditgeber gegen den Kreditnehmer erfolglos die Zwangsvollstreckung betrieben hat.
- **Selbstschuldnerische Bürgschaft:** Bei dieser Art der Bürgschaft haftet der Bürge wie der Hauptschuldner, da er auf das „Recht der Einrede der Vorausklage" verzichtet. Der Bürge kann vom Kreditgeber schon dann zur Zahlung herangezogen werden, wenn der Kreditnehmer den Kredit nicht rechtzeitig zurückzahlt.

Kreditinstitute verlangen immer eine selbstschuldnerische Bürgschaft. Unter Kaufleuten ist eine Bürgschaft immer eine selbstschuldnerische Bürgschaft.

2 Für den Kreditgeber und den Kreditnehmer können sich bei der Sicherungsübereignung **folgende Vor- und Nachteile** ergeben:

	Vorteile	Nachteile/Risiken
a) Kreditgeber (KG)	▪ KG hat im Insolvenzfalle Recht auf Absonderung. ▪ KG kann bei Zahlungsverzug des KN Sicherungsgegenstand sofort verkaufen.	▪ Auf den übereigneten Gegenständen ruht bereits ein Eigentumsvorbehalt des Lieferers. ▪ Verlust des Eigentums des KG beim Weiterverkauf vom KN an gutgläubige Dritte. ▪ Gegenstände sind möglicherweise bereits vom KN sicherungsübereignet worden. ▪ Übereignete Gegenstände können beschädigt oder zerstört werden.

	Vorteile	Nachteile/Risiken
b) Kreditnehmer (KN)	■ KN kann sowohl mit dem sicherungsübereigneten Gegenstand als auch mit dem Kredit arbeiten. ■ Übereignung ist nach außen nicht erkennbar.	■ KG kann bei Zahlungsverzug den übereigneten Gegenstand sofort verkaufen lassen.

3 Beim Lombardkredit (= Faustpfandkredit) wird meist ein **kurzfristiger Kredit gegen Verpfändung von beweglichen, wertvollen Sachen** (z. B. Schmuck, Wertpapiere, Edelmetalle, Lebensversicherungen) gewährt. Zwischen Kreditgeber und Kreditnehmer wird neben dem Kreditvertrag ein **Pfandvertrag** geschlossen. Das Pfand geht dabei in den **Besitz des Kreditgebers** über, der **Kreditnehmer bleibt Eigentümer.** Der Kreditgeber stellt dem Kreditnehmer aber nicht den vollen Wert des verpfändeten Gegenstandes zur Verfügung, sondern nur den sogenannten Beleihungswert. Dieser beträgt je nach Pfand bis zu 90 % des Pfandwertes. Kommt der Kreditnehmer am Fälligkeitstag seiner Zahlungsverpflichtung nicht nach, kann der Kreditgeber nach vorheriger Androhung das Pfand versteigern lassen. Das Pfandrecht erlischt, wenn der Kreditnehmer seine Schulden bezahlt hat.

4 Beim Lombardkredit geht das Pfand in den **Besitz des Kreditgebers** über, der **Kreditnehmer bleibt Eigentümer.** Bei der Sicherungsübereignung wird im Gegensatz zum Lombardkredit der **Kreditgeber Eigentümer der Sicherungsgegenstände (mittelbarer Besitzer),** während der **Kreditnehmer der unmittelbare Besitzer der Gegenstände** bleibt.

5 a) Sicherungsübereignungskredit d) Sicherungsübereignung
b) Lombardkredit e) Sicherungsübereignung
c) Grundschuld f) Lombardkredit

6 a) Selbst bei Freunden sollte man sehr vorsichtig sein, wenn man für diese bürgen soll. Da von Privatpersonen fast immer eine selbstschuldnerische Bürgschaft verlangt wird, haftet man als Bürge für den Freund, wenn dieser den Kredit nicht termingerecht zurückzahlt.
b) Kreditinstitute werden über den Bürgen eine persönliche und sachliche Kreditwürdigkeitsprüfung vornehmen. Die wesentlichen Anforderungen sind ein sicherer Arbeitsplatz, volle Geschäftsfähigkeit usw. Insbesondere wird eine Verdienstbescheinigung verlangt und eine Auskunft bei der SCHUFA eingeholt.

7 Individuelle Lösung.
Es bieten sich Bürgschafts- und Sicherungsübereignungskredit an.

8 Folgende Arten von Kreditversicherungen können unterschieden werden:

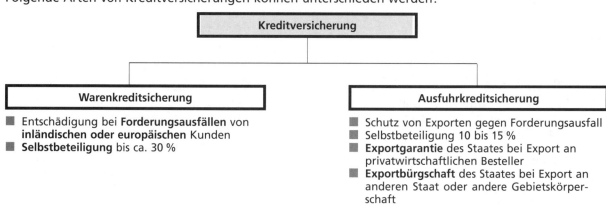

9 Lösung 4. ist richtig

Material zu 2.4 Kreditsicherungsmöglichkeiten

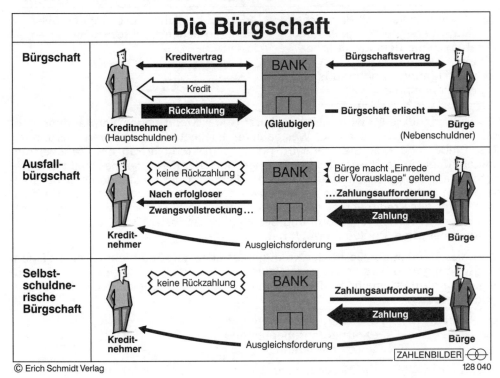

© Erich Schmidt Verlag   128 040

3 Folgen finanzieller Fehlentscheidungen einschätzen

3.1 Ursachen wirtschaftlicher Schwierigkeiten

Lehrbuch Seite 183

Handlungssituation

■ Zahlungsschwierigkeiten können inner- und außerbetriebliche Ursachen haben:

Ursachen für finanzielle Schwierigkeiten	

■ **innerhalb des Unternehmens**
  – Produkte entsprechen nicht den Wünschen der Kunden
  – zu geringes Eigenkapital
  – zu hohe Privatentnahmen
  – Fehlinvestitionen
  – zu teure Produkte
  – zu hohe Personal- und Lagerkosten u. a.
	■ **außerhalb des Unternehmens**
	  – schlechte Konjunkturlage
	  – starke Konkurrenz
	  – Forderungsausfall
	  – Änderung der Verbrauchergewohnheiten
	  – Preissteigerung beim Wareneinkauf u. a.

■ Konsequenzen aus einem finanziellen Ungleichgewicht:
  – bei Überliquidität
    • Zinsverluste
  – bei Unterliquidität
    • Skonto kann nicht ausgenutzt werden
    • fällige Verbindlichkeiten können nicht beglichen werden
    • Verlust der Kreditwürdigkeit

Lehrbuch Seite 186

1 a) Ein Unternehmen kann u. a. folgende Maßnahmen zur Verbesserung seiner **Liquidität** durchführen:
  ■ Kostensenkung durch Personalabbau,
  ■ Verkauf von nicht benötigten Vermögensgegenständen,
  ■ Umwandlung kurzfristiger Verbindlichkeiten in ein Darlehen,
  ■ Bereinigung des Absatzprogrammes von unrentablen Produkten,
  ■ Verringerung der Lagerdauer von Waren.

b) **Überliquidität** kann verhindert werden, indem nicht benötigte Finanzmittel kurz- oder mittelfristig bei Kreditinstituten, z. B. als Termingeld, angelegt werden.

Unterliquidität kann vermieden werden, indem ein Unternehmen die erwarteten Einnahmen den erwarteten Ausgaben in einem Finanzplan gegenüberstellt. Da aber Unsicherheiten über die zukünftigen Einnahmen und Ausgaben bestehen, sollte immer eine Sicherheitsreserve eingeplant werden. So sollte z. B. immer ein bestimmter Forderungsausfall von Kunden eingeplant werden. Eine weitere Möglichkeit besteht darin, in Zeiten wirtschaftlicher Hochkonjunktur einen Teil der liquiden Mittel mittelfristig anzulegen, um ihn dann in Zeiten einer ungünstigen betriebswirtschaftlichen Lage des Unternehmens wieder in flüssige Mittel umzuwandeln.

2 a) In der Bürodesign GmbH ist die Abteilung Rechnungswesen für die Feststellung der genannten Symptome verantwortlich.

b) Geeignete Maßnahmen sind:

Finanzielle Maßnahmen
- Eigenfinanzierung, z. B. durch Verkauf von Vermögensteilen
  Beispiel Ein dem Unternehmer gehörendes Grundstück wird verkauft.
- Fremdfinanzierung durch Aufnahme von Bank- oder Liefererkrediten oder durch das Leasen von Wirtschaftsgütern
  Beispiel Der erforderliche Fuhrpark wird geleast statt gekauft.
- Stundung von Verbindlichkeiten, d. h. das Hinausschieben des Zahlungsziels oder der Schuldenerlass (Vergleich)

Personelle Maßnahmen
- Fort- und Weiterbildung des Unternehmers und seiner Mitarbeiter
  Beispiel das Seminarangebot der Industrie- und Handelskammer oder der Handwerkskammern
- Einstellung qualifizierter Mitarbeiter bzw. Überprüfung des Personalbestandes mit dem Ziel, unfähige Mitarbeiter zu entlassen
- Einführung leistungsbezogener Entlohnungsgrundsätze

Sachliche Maßnahmen
- Stärkung der Wettbewerbsfähigkeit durch Kooperation
- Bereinigung des Absatzprogrammes mit dem Ziel der Anpassung an die veränderten Verbrauchergewohnheiten

Organisatorische Maßnahmen
- Bereitstellung produktbezogener Informationen sowie Steuerung und Kontrolle des Warenflusses im Unternehmen durch Einsatz der EDV
- Planung und Kontrolle der Lagerbestände mit dem Ziel der Annäherung an den optimalen Lagerbestand

3 Die Ursachen können anhand der Insolvenzursachen auf S. 184 f. im Lehrbuch erläutert werden.

3.2 Sanierung und Vergleich als außergerichtliche Maßnahmen im Rahmen der Insolvenz eines Unternehmens

Lehrbuch Seiten 186, 187

Handlungssituation
- Die Ursachen für die Zahlungsschwierigkeiten der Bürobedarf Richter GmbH können anhand der Insolvenzursachen gegliedert und erläutert werden.

Finanzielle Ursachen	In der Handlungsituation heißt es, Richter „konnte … von seinem Gehalt zwar nicht allzu viel zurücklegen, aber für die ersten Investitionen hat es gerade gelangt". Hier liegt der Schluss nahe, dass das Eigenkapital für eine Existenzgründung zu gering war.
Personelle Ursachen	Da Richter das Unternehmen gleich nach der Kaufmannsgehilfenprüfung gegründet hat, kann von mangelnder Praxiserfahrung ausgegangen werden.
Sachliche Ursachen	Verschärfung des Wettbewerbs durch die Ansiedlung eines Mitbewerbers und Erhöhung der Mieten.
Organisatorische Ursachen	Richter ist stolz darauf, dass er jeden Artikel immer in ausreichender Menge am Lager hat. Hier sollte geprüft werden, ob nicht zu hohe Lagerbestände und damit zu hohe Lagerkosten vorliegen.

- Durch den Verzicht auf einen Teil ihrer Forderungen kann die Bürobedarf Richter GmbH ihre Leistungsfähigkeit wiederherstellen und bleibt als Kunde erhalten. Darüber hinaus ist die Quote im Vergleich i. d. R. deutlich höher als beim Insolvenzverfahren. Neben diesen wirtschaftlichen Gründen können soziale Gründe wie der Erhalt von Arbeitsplätzen oder der geschäftliche und private Ruin des Schuldners im Insolvenzverfahren diskutiert werden.
- Vgl. Aufgabe 7!

Lehrbuch Seite 190

1 Die Gründe für Unternehmenskrisen sind in der Zusammenfassung auf S. 189 im Lehrbuch dargestellt.

2 a) **Produkt- und Sortimentspolitik:**
Diskussion anhand der Begriffe: Sortimentserweiterung, -variation,
b) **Preispolitik:** Die Ursache für die erforderliche Sanierung könnte in der Wahl der falschen Preisstrategie liegen. Mögliche Preisstrategien sind Preisdifferenzierung, Mischkalkulation, psychologische Preisfestsetzung, Hochpreispolitik (Premiumpreisstrategie), Niedrigpreispolitik, Marktabschöpfungspolitik (Skimmingstrategie), Marktdurchdringungspolitik (Penetrationspreisstrategie).
c) **Konditionenpolitik:** Alle gewährten Konditionen müssen in der Preiskalkulation berücksichtigt werden. Mögliche Konditionen sind Liefer- und Zahlungsbedingungen.
d) **Servicepolitik:** Maßnahmen der Servicepolitik sind Garantie/Kulanz und Service/Kundendienst.
e) **Kommunikationspolitik:** Maßnahmen der Kommunikationspolitik sind Werbung, Verkaufsförderung und Publicrelations.
f) **Distributionspolitik:** Direkter und indirekter Absatz müssen anhand der dabei entstehenden Kosten verglichen werden. Hier bietet sich der Kostenvergleich zwischen Handelsvertreter und Reisendem an.

3 a) Eine Senkung der Lagerkosten ist durch Annäherung an die optimale Bestellmenge möglich.
b) Durchschnittlicher Lagerbestand, Umschlagshäufigkeit und durchschnittliche Lagerdauer.

4 a)–c) Individuelle Lösung.
d) **Voraussetzung** für das Zustandekommen des Vergleichs ist die Zustimmung der Gläubiger.

5 a) Die Gründe für eine Annahme wurden im 2. Arbeitsauftrag dargestellt. Gegen die Annahme des Vergleichs spricht der Verzicht auf Forderungen und die Gefahr, dadurch selbst in Zahlungsschwierigkeiten zu geraten, sowie die Gefahr der Ungleichbehandlung.
b) Individuelle Lösung.

6 Die Einsetzung eines Treuhänders stellt die Gleichbehandlung der Gläubiger im Vergleich sicher.

7 **Stundungsvergleich:** Die Gläubiger gewähren einen Zahlungsaufschub.
Erlassvergleich: Die Gläubiger verzichten auf einen Teil ihrer Forderungen.

8 Individuelle Lösung. Vgl. Lehrbuch S. 189.

9 **Vorteile eines Vergleichs für den Schuldner:**
- Weiterführung der Geschäfte mit dem Ziel der Gesundung des Unternehmens.
- Es findet keine Veröffentlichung statt. Der Schuldner muss seine Zahlungsschwierigkeiten lediglich den Vergleichspartnern gegenüber eingestehen. Ansonsten bleibt seine Bonität erhalten.
- Der Schuldner kann über sein Vermögen frei verfügen. Es schaltet sich kein Insolvenzverwalter ein.
- Das Verfahren kann schnell abgewickelt werden.

Vorteile eines Vergleichs für den Gläubiger:
- Der Schuldner bleibt als Kunde erhalten und kann nach erfolgreicher Sanierung die Restforderungen begleichen.
- Der Prozentsatz der Forderungen (**Vergleichsquote**), der zurückgezahlt wird, ist i. d. R. höher als bei einem Insolvenzverfahren.
- Ohne Einschaltung der Gerichte erfolgt die Zahlung i. d. R. schneller.

3.3 Insolvenz und Insolvenzverfahren

Lehrbuch Seite 191

Handlungssituation
- Herr Müller kann die Eröffnung des Insolvenzverfahrens über das Vermögen der Bürobedarf Richter GmbH beantragen. Durch das Insolvenzverfahren kommt es zur zwangsweisen Aufteilung des gesamten einer Zwangsvollstreckung unterliegenden Vermögens des Schuldners (Insolvenzmasse) an die Gläubiger. Zwangsvollstreckungen sind für die Dauer des Verfahrens ausgesetzt.

Voraussetzung	■ Zahlungsunfähigkeit ■ Überschuldung ■ drohende Zahlungsunfähigkeit
Antrag	■ durch Schuldner oder Gläubiger ■ bei drohender Zahlungsunfähigkeit nur durch den Schuldner
Durchführung	■ Eröffnung des Verfahrens durch das Gericht ■ Eintragung der Eröffnung in das Handelsregister ■ Ernennung des Insolvenzverwalters ■ Zwangsvollstreckungen sind ausgesetzt
Aufgaben des Insolvenzverwalters	■ Sicherung und Erhaltung des Vermögens des Schuldners ■ Erstellung des Insolvenzplanes
Liquidation	Befriedigung der Gläubiger durch Verwaltung, Verwertung und Verteilung des Vermögens des Schuldners durch den Insolvenzverwalter in der Reihenfolge 1. Aussonderung 2. Absonderung 3. Massegläubiger 4. Insolvenzgläubiger 5. nachrangige Insolvenzgläubiger

■ **Restschuldbefreiung**
  – bei natürlichen Personen möglich
  – Abtretung der pfändbaren Forderungen aus Lohn und Gehalt für sechs Jahre
  – bei gewissenhafter Erfüllung der Pflichten wird der Schuldner von der Restschuld befreit

Lehrbuch Seite 199

1 1. Aussonderung
  2. Absonderung
  3. Absonderung
  4. Massekosten
  5. Masseverbindlichkeiten
  6. nachrangige Insolvenzgläubiger
  7. Insolvenzgläubiger

2 1. Insolvenzverfahren zur Liquidation
  2. Sanierung durch Insolvenzplan
  3. Restschuldbefreiung

3 1. Absonderung
  2. Massegläubiger
  3. Insolvenzgläubiger
  4. nachrangige Insolvenzgläubiger

4 **Verbraucherinsolvenz:**
  ■ für Nichtselbstständige und Kleingewerbetreibende
  ■ Zustimmung durch
    – die Mehrheit der abstimmenden Gläubiger
    – die Mehrheit der Ansprüche
  ■ bei gewissenhafter Erfüllung der Pflichten für die Dauer von sechs Jahren wird der Schuldner von der Restschuld befreit

5 Individuelle Lösung.
  Informationen können über die Verbraucherverbände beschafft werden!

4 Besonderheiten von Finanzierungsentscheidungen im Außenhandel berücksichtigen

4.1 Kurzfristige Fremdfinanzierung des Außenhandelsgeschäfts

Lehrbuch Seite 200

Handlungssituation

■ Bedingungen/Problemlage für den Finanzierungsvorschlag:
  - Interesse des Kunden an Zahlungsziel (Fremdfinanzierung)
  - Erstgeschäft im Export
  - Kunde mit unbekannter Bonität
  - Erhöhtes Sicherheitsbedürfnis des Exporteurs in Bezug auf das Kreditrisiko
  - Interesse des Exporteurs an möglichst kurzfristiger Zahlung bzw. Refinanzierung des Forderungsbetrages

Für die Primus GmbH wäre es vorteilhaft, wenn der Forderungsbetrag vor bzw. bei Verschiffung fällig wäre, der Importeur den Betrag bei seiner eigenen Bank vorfinanzieren ließe. Je nach Kreditwürdigkeit könnte die Glowna Ltd. aus verschiedenen kurzfristigen Fremdfinanzierungsformen wählen (z. B. Kontokorrentkredit, Diskontkredit ohne Einschaltung des Exporteurs).

Tritt die Primus GmbH als Kreditgeber auf, muss ihr besonderes Sicherheitsinteresse in Bezug auf das Delcredererisiko beachtet und ein Zahlungsziel für die Glowna Ltd. entsprechend abgesichert werden:

■ Beim Wechselkredit verbleibt trotz der Wechselstrenge ein recht hohes Kreditrisiko (unbekannte Bonität der Glowna Ltd.).

■ Beim Diskontkredit hätte die Primus GmbH Schwierigkeiten, für das Akzept eine diskontierende Bank zu finden. Außerdem verbleibt der Aussteller in der wechselrechtlichen Haftung.

■ Der Akzeptkredit würde die Sicherheit für die Primus GmbH erheblich erhöhen, da eine Bank den Wechsel akzeptieren würde. Bestehen jedoch Zweifel an der Zahlungsfähigkeit oder -bereitschaft einer Bank (die z. B. im Ausland liegt), erscheint eine Akzeptleistung nicht unbedingt als ausreichend.

■ Wird der Akzeptkredit mit einem Dokumentenakkreditiv gekoppelt, wird die Sicherheit für die Primus GmbH aufgrund der Zahlungsverpflichtung aus Wechsel und Akkreditiv erhöht. Durch eine Bestätigung des Akkreditivs ist ein Zahlungsausfall praktisch ausgeschlossen.

Allerdings sind alle genannten risikovermindernden Maßnahmen mit Kosten verbunden, die entweder in den Kaufpreis einkalkuliert oder dem Importeur anderweitig belastet werden.

Lehrbuch Seite 207

1 ■ Dauer und Umfang der Geschäftsbeziehung
  ■ Bisherige Erfahrungen mit der Zahlungsmoral des Kunden
  ■ Höhe des Forderungsbetrages
  ■ Branchenübliche Gewohnheiten
  ■ Aktuelle Zahlungsfähigkeit/Kreditwürdigkeit des Kunden
  ■ Gegebenenfalls internationale Bankauskunft
  ■ Länderrisiken

2 Im Gegensatz zum klassischen Kredit im Sinne einer Geldleihe (Auszahlung von Geld an den Kreditnehmer bzw. einen Begünstigten) überträgt beim Akzeptkredit eine Bank dem Kreditleiher (hier: Importeur) lediglich ihre Kreditwürdigkeit bzw. Bonität (als Bezogener) und stellt ihm somit ihren guten Namen für dessen Geschäfte zur Verfügung.

3 Sind Außenhandelsgeschäfte nur über kurzfristige Fremdfinanzierung realisierbar, müssen die Sicherheitsinteressen der Gläubiger (Bank(en), Exporteur) befriedigt werden, sodass diese das Risiko einer Kreditvergabe eingehen wollen; Vorteile des Rembourskredits sind:
  ■ Für Banken, die Auslandswechsel diskontieren, verbleibt regelmäßig nur der wechselmäßige Rückgriff als Sicherung. Durch die Kombination mit einem Dokumentenakkreditiv wird die Sicherheit erhöht, dass der Schuldner auch tatsächlich zahlt.
  ■ Gleiches gilt für den Aussteller des Wechsels (Exporteur) als Begünstigten: Auch für ihn erhöht sich die Sicherheit durch die Kombination mit dem Dokumentenakkreditiv.
  ■ Neben die Sicherung aus Wechsel und Akkreditiv tritt die Sicherungsfunktion der Transportpapiere, sofern es sich um Traditionspapiere handelt (z. B. Konnossemente).
  ■ Der Rembourskredit ist ein flexibles Instrument mit verschiedenen banktechnischen Abwicklungsmöglichkeiten.

4 Kurzfristige Fremdfinanzierungen im Außenhandel sind oft an Wechselforderungen oder dokumentäre Zahlungsformen gekoppelt:
  ■ Zahlungsverpflichtung aus Wechsel und/oder Akkreditiv: Beide Zahlungsformen begründen **unwiderrufliche** und **abstrakte**, d. h. vom Grundgeschäft losgelöste, Forderungen.
  ■ Vereinfachung der Zahlungsabwicklung bei allen Beteiligten (Exporteur, Importeur, Bank) durch international gültige Verfahrensweisen (z. B. ERA).

5 Gewährt die Bank dem Exporteur aufgrund eingereichter Dokumente einen Kredit (Negoziierung), kauft die Bank damit die Forderung **nicht** unwiderruflich bzw. regresslos an (wie dies etwa bei der Forfaitierung der Fall ist). Werden die Dokumente vom Importeur oder dessen Bank nicht bezahlt, wird dem Exporteur der Kreditbetrag rückbelastet. Hat die Bank jedoch z. B. ein Akkreditiv, aufgrund dessen der Kredit gewährt wird, selbst bestätigt, ist eine Rückbelastung ausgeschlossen.
Entsprechendes gilt für den Negoziierungskredit aufgrund von Ziehungsermächtigungen. Da der Exporteur als Wechselaussteller in der wechselrechtlichen Haftung ist, verbleibt für ihn das Restrisiko der Rückbelastung, falls der Bezogene nicht bezahlt.

6 Vorteile der Forfaitierung für den Exporteur:
- Entlastung der Bilanz durch Umwandlung eines Zielgeschäfts in ein Bargeschäft
- Erhöhung der Liquidität, Entlastung der Kreditlinie bei der Bank
- 100 % Finanzierung
- Risikoausschaltung; der Forfaiteur übernimmt Kredit-, Währungsrisiken und politische Risiken
- Feste Kalkulationsgrundlage
- Einsparung von Verwaltungskosten für Überwachung und Einzug der Forderungen
- Wegfall von Prämien für eine Kreditversicherung

7 Unterschiede Forfaitierung/Factoring

	Forfaitierung	Factoring
Zahlungsziel	kurz-, mittel- und langfristig	kurzfristig
Forderung	Einzelforderungen	laufende Forderungen als Paket
Forderungshöhe	abhängig vom Kreditinstitut, meist 50.000,00 EUR Mindestbetrag	individuell vereinbar (meist ab bestimmtem EUR-Jahresumsatz)
Art der Forderung	abstrakt, bankbesichert, meist Wechselforderung	normale, ungesicherte Buchforderungen
Dienstleistungsfunktion	ja	ja
Risikoabdeckung	alle wirtschaftlichen und politischen Risiken	keine politischen Risiken
Kosten	Diskont	Factoring-Entgelt und Zinsen für Bevorschussung
Selbstbehalt	nein	i. d. R. 10 % Selbstbehalt als Sperrbetrag

4.2 Absicherung von Kredit-, Währungsrisiko und politischen Risiken

Lehrbuch Seite 208

Handlungssituation
- Die Primus GmbH hat bereits ein Geschäft mit dem Kunden abgewickelt. Dennoch sollte sie aufgrund des kurzen Bestehens der Geschäftsverbindung noch vorsichtig sein. Zur Kreditsicherung kommen hier grundsätzlich alle in der Sachdarstellung genannten Instrumente infrage:
  - Vereinbarung geeigneter Zahlungsbedingungen (Anzahlung, Vorauszahlung, Wechsel, D/P, L/C)
  - Forfaitierung
  - Ausfuhrkreditversicherung
  - Hermesdeckung
  - Bankgarantie

  Möglicherweise wird es schwierig werden, private Partner für eine Absicherung zu annehmbaren Konditionen zu gewinnen, da der ausländische Schuldner erst relativ kurze Zeit über Außenhandelskontakte verfügt (vgl. die bisherigen Fälle zur Glowna Ltd.). Andererseits wird sich das russische Unternehmen auch nicht auf umfangreiche Vorleistungen einlassen wollen. Eine Alternative ist hier die Hermesdeckung, sofern davon ausgegangen werden kann, dass kein marktfähiges Risiko vorliegt.
- Risiko für den Exporteur: Aufwertung des EUR. Der tatsächliche Verkaufserlös ist geringer als vorkalkuliert; Sicherungsmöglichkeiten über EUR-Fakturierung, Fremdwährungskonten oder -kredite, Forfaitierung, Kurssicherungsgeschäfte.
- Kriegshandlungen, Unruhen und Embargos, die eine direkte Gefährdung des Außenhandelsgeschäfts mit dem Importeur in Kaliningrad bedeuteten, sind nicht erwartbar. Neben der – abgesehen vom Tschetschenienkonflikt – stetigen Entwicklung zu innerer und äußerer Stabilität zeichnet sich in den letzten Jahren in Russland eine positive wirtschaftliche Entwicklung ab, die sich in höheren ausländischen Direktinvestitionen und – verursacht durch die Einnahmen aus dem Ölexport – steigender Liquidität widerspiegeln. Aus diesem Grund ist auch die Gefahr von Transfer- und Konvertierungsproblemen gesunken. Dennoch ist die wirtschaftliche Lage insgesamt noch angespannt. In Bezug auf Russland werden derzeit eher latente politische Risiken (nichttarifäre Handelsbeschränkungen) wie Behördenwillkür, Korruption staatlicher Stel-

len, antidemokratische Tendenzen und die damit verbundenen Behinderungen wirtschaftlicher Betätigung diskutiert.

Lehrbuch Seiten 217, 218

1 Mögliche Gründe für diese Empfehlung:
Bei einer indirekten Bankgarantie wird eine ausländische Zweitbank eingeschaltet, die Bankgarantie unterliegt ausländischem Recht. Eine Befristung wird dann möglicherweise entweder verweigert bzw. sie entfaltet nach ausländischem Recht keine Rechtswirkung. Bei Streitigkeiten muss im Ausland nach ausländischem Recht geklagt werden.
Die Befristung soll gewährleisten, dass Haftung und Belastung des Ausstellers mit zu erbringenden Sicherheiten und Kosten zum vereinbarten Zeitpunkt enden. Bei unbefristeten Garantien ist dies erst der Fall, wenn der Garantienehmer die Garantie zurückgibt.

2 Die Zahlungsgarantie deckt das Kreditrisiko des Exporteurs: Der Importeur Auftraggeber) beauftragt seine Bank (Garantin), eine Bankgarantie zugunsten des Exporteurs (Garantienehmer) zu erklären. Vertragspartner des Garantiegeschäfts sind somit die Bank des Importeurs und der Exporteur.
Dagegen deckt die Liefergarantie das Erfüllungsrisiko des Importeurs. Mögliche Schadenerssatzforderungen wegen verspäteter Lieferung werden so abgesichert. Der Exporteur (Auftraggeber) beauftragt seine Bank (Garantin), eine Bankgarantie zugunsten des Importeurs (Garantienehmer) zu erklären. Vertragspartner des Garantiegeschäfts sind somit die Bank des Exporteurs und der Importeur.

3 Die Forfaitierung bietet tatsächlich einen umfassenden Schutz gegen den Ausfall von Auslandsforderungen. Aufgrund des regresslosen Ankaufs der Forderung (d. h. ohne Rückgriffsmöglichkeit) werden das Kreditrisiko sowie alle Nichtzahlungsfälle aufgrund von politischen Risiken abgedeckt. Allerdings wird nur für marktfähige Risiken eine Forfaitierung möglich sein. Darüber hinaus kaufen Banken oft erst Forderungen ab 50.000,00 EUR an. Außerdem ist die Kostenfrage zu klären. Somit ist der Einsatzbereich der Forfaitierung doch beschränkter als bei einem „Allround-Instrument" erwartbar.

4 a) ■ **Ausfuhrkreditversicherung:** Absicherung nur wirtschaftlicher Risiken (Kreditrisiko) durch Abschluss eines entsprechenden Versicherungsvertrags mit einer Versicherungsgesellschaft.
   ■ **Exportgarantie:** Absicherung wirtschaftlicher und politischer Risiken; Garantie- oder Bürgschaftsübernahme durch die Bundesrepublik Deutschland.
b) Stellt der Staat selbst bzw. über beauftragte Unternehmen (Mandatare) Absicherungen für Auslandsforderungen zur Verfügung, bewegt er sich letztlich auf dem Markt der Versicherungsunternehmen, die private Kreditversicherungen anbieten. Wenn es hier keine deutliche Abgrenzung mittels des Kriteriums der Marktfähigkeit bzw. Nichtmarktfähigkeit der zu übernehmenden Risiken gäbe, hätte der Staat und der mit ihm verbundene Mandatar gegenüber den übrigen Versicherungsunternehmen einen Wettbewerbsvorteil, da er die Prämie nicht gewinnorientiert kalkulieren muss. Darüber hinaus könnte dies nicht nur eine Subventionierung des Mandatars bedeuten, sondern auch eine (verdeckte) Subventionierung der Außenhandelsunternehmungen, deren Forderungen zu günstigen, marktverzerrenden Konditionen abgesichert werden.
c) Die Schuldner bei der Deckungsform „Bürgschaft" sind ausländische Staaten oder Behörden. Bei ihnen ist die Wahrscheinlichkeit einer Zahlungsunfähigkeit i. d. R. geringer als bei ausländischen Privatunternehmen.

5 Lösungsmöglichkeit analog der Darstellung im Lehrbuch auf S. 212 bezogen auf den Export: Die Primus GmbH verkauft am 15. April Waren zum Preis von 45.600,00 USD, Kurs am 15. April: 1,00 EUR = 1,25 USD
Vorkalkulierter Verkaufspreis der Ware: 45.600,00 : 1,25 = 36.480,00 EUR
Lieferung und Zahlung erfolgen am 15. Juni, Kurs am 15. Juni: 1 USD = 1,30 EUR
Tatsächlicher Verkaufspreis der Ware: 45.600,00 : 1,30 = 35.076,92 EUR
Verminderung des Verkaufspreises (Verlust) 36.480,00 − 35.076,92 = 1.403,08 EUR

6 a) Kosten der Kurssicherung:
   ■ **Devisentermingeschäft:**
   Bezugs-/Einstandspreis zum Kassakurs 1,2255: 60.000 : 1,2255 = 48.959,61 EUR
   Bezugs-/Einstandspreis zum Terminkurs 1,2080: 60.000 : 1,2080 = 49.668,87 EUR
   Differenz (Aufschlag): 709,27 EUR
   ■ **Devisenoptionsgeschäft:** Optionsprämie: 1.046,51 EUR

b) Bezugs-/Einstandspreis bei Kassakurs EUR/USD 1,2255 am 10. Juli: 48.959,61 EUR

	Kurs 10. Oktober	Mit Devisentermingeschäft: Einstandspreis	Ausübung der Option?	Mit Devisenoptionsgeschäft: Einstandspreis + Optionsprämie
1.	1,2003	**49.668,87 EUR**	ja	48.959,61 + 1.046,51 = 50.006,12 EUR
2.	1,2340	**49.668,87 EUR**	nein	48.622,37 + 1.046.51 = **49.668,88 EUR**
3.	1,2523	49.668,87 EUR	nein	47.911,84 + 1.046,51 = **48.958,35 EUR**

In der gegebenen Situation ist das Devisentermingeschäft bei EUR/USD-Kursverfall günstiger sowie bei einem Kursanstieg bis (ausschließlich) 1,2340. Oberhalb dieses Kurses ist das Devisenoptionsgeschäft günstiger. Oberhalb des Kurses von 1,2522 unterschreitet die Summe von Einstandspreis und Optionsprämie bereits den ursprünglich (ohne Kurssicherungsgeschäft) kalkulierten Einstandspreis von 49.959,61 EUR. Die Primus GmbH könnte dadurch einen Zusatzgewinn erzielen.

c) ■ Devisentermingeschäfte sichern das Währungsrisiko ab, legen den Nutzer jedoch fest, da Devisenbeträge zum fest vereinbarten Kurs ge- bzw. verkauft werden müssen. Mögliche Gewinne (→ Kursentwicklung) können nicht ausgeschöpft werden.
■ Devisenoptionsgeschäfte bieten hingegen zwei mögliche Funktionen:
– Das Währungsrisiko wird abgesichert.
– Bei entsprechender Kursentwicklung können Gewinne erzielt werden.
Aufgrund dieser erweiterten Möglichkeiten sind Devisenoptionsgeschäfte teurer als Devisentermingeschäfte.

7 a) 1,2000 % + 80 · 0,0425 % =   4,60 %

62.000,00 EUR · 0,046 =	2.852,00 EUR
Antragsgebühr	400,00 EUR
Urkundengebühr	50,00 EUR
Gesamt	3.302,00 EUR

b) 0,6000 % + 80 · 0,0225 % =   1,86 %

62.000,00 EUR · 0,0186 =	1.153,20 EUR
Antragsgebühr	400,00 EUR
Urkundengebühr	50,00 EUR
Gesamt	1.603,20 EUR

c) Die russische Wirtschaft erholt sich offensichtlich von der schweren Finanzkrise und befindet sich auf Wachstumskurs, wodurch sich Exportrisiken vermindern (Delcredere-, Konvertierungs- und Transferrisiko). Wirtschaftspolitisch motivierte Gründe: Die Kosten für die Hermesdeckung vermindern sich, was der deutschen Exportwirtschaft und ihrer Wettbewerbsfähigkeit auf dem russischen Markt zugutekommt.

Wiederholung zum Lernfeld 10: Finanzierungsentscheidungen treffen

Übungsaufgaben

Lehrbuch Seiten 218 bis 220

1 a) Der Dölken & Co. GmbH steht die Möglichkeit der Selbstfinanzierung zur Verfügung. Hierunter versteht man eine Finanzierung aus erwirtschafteten, einbehaltenen Gewinnen, die nicht ausgeschüttet, sondern investiert werden. Hierdurch erhöht sich das Eigenkapital. Das Unternehmen finanziert sich aus eigener Kraft mit den Mitteln, die erwirtschaftet wurden. Zudem kann die Dölken & Co. GmbH
■ einen weiteren Gesellschafter aufnehmen (Beteiligungsfinanzierung),
■ ein Darlehen bei einem Kreditinstitut aufnehmen (Fremdfinanzierung).

b) Name und Anschrift der Vertragspartner, Kredithöhe, Auszahlungsbetrag des Darlehens, Verwendungszweck, nominaler und effektiver Zinssatz, Zinstermine, Rückzahlung bzw. Kündigung des Kredites, Sicherung des Kredites

c) **Es handelt sich hierbei um eine Beteiligungsfinanzierung.** Bei einer Beteiligungsfinanzierung in einer GmbH können entweder das Stammkapital der vorhandenen Gesellschafter erhöht oder neue Gesellschafter aufgenommen werden. In der Bilanz erscheint das eingebrachte Kapital unter Eigenkapital/gezeichnetes Kapital auf der Passivseite.

Vorteile der Beteiligungsfinanzierung gegenüber einem Bankkredit:
■ Eigenkapital steht zeitlich unbefristet zur Verfügung
■ keine laufenden Zins- und Tilgungsraten, dadurch wird die ständige Zahlungsbereitschaft (Liquidität) nicht beeinflusst; zwar muss das Eigenkapital in Form von Gewinnausschüttungen verzinst werden, die Höhe dieser Ausschüttungen wird aber von den Eigentümern selbst festgelegt.
■ Einsatz von Fremdkapital bleibt eingeschränkt

Nachteile der Beteiligungsfinanzierung:
■ Bei der **GmbH** sind Gesellschafter oft nur dann zu gewinnen, wenn ihnen als Geschäftsführer Einflussmöglichkeiten auf das Betriebsgeschehen eingeräumt wird. Dieses bedeutet einen Verlust an Selbstständigkeit.

2 a)

Vermögenswerte	Kreditsicherung
Grundstück/Gebäude	Grundschuld
Fuhrpark	Sicherungsübereignung
Geschäftsausstattung	Sicherungsübereignung
Warenbestände	Sicherungsübereignung

b) Anlagevermögen sollte grundsätzlich mit Eigenkapital oder langfristigem Fremdkapital finanziert werden. Es eignet sich daher eine Finanzierung über ein Bankdarlehen mit der Kreditsicherungsmöglichkeit der Grundpfandrechte. Ferner könnte der Möbelgroßhändler den Ausstellungsraum leasen.

c) Ein Unternehmen hat die Möglichkeit, benötigte Gegenstände zu leasen, statt zu kaufen. Beim Leasing werden in einem Leasingvertrag die Nutzungsrechte an Gütern des Anlagevermögens für eine bestimmte Zeit vom Leasinggeber auf den Leasingnehmer übertragen, wobei der Leasingnehmer die geleasten Gegenstände in seinem Betrieb einsetzt. Der **Leasingnehmer wird Besitzer, der Leasinggeber bleibt Eigentümer** der geleasten Gegenstände. **Leasinggeber** kann
   - der Hersteller des Anlagegutes, z.B. Maschinen-, Fahrzeughersteller (= **direktes Leasing**) oder
   - eine Leasing-Gesellschaft sein, die die Gegenstände vom Hersteller gekauft hat und sie nun im Rahmen des Leasing gegen Entgelt zur Verfügung stellt (= **indirektes Leasing**).

d) Vorteile Bankdarlehenskredit:
   - Kapital steht langfristig zur Verfügung
   - eigene Mittel können für andere Zwecke genutzt werden

   Nachteile Bankdarlehenskredit:
   - langfristige Belastung durch Tilgung und Zinsen
   - Bankdarlehen wird nur zweckgebunden gegeben
   - Kreditinstitut verlangt i.d.R. Sicherheiten

3 a) **Leasingverträge** können unterschieden werden in
   - **Operating-Leasing:** Bei dieser Form hat der Leasingnehmer das **Recht, den Vertrag jederzeit kurzfristig zu kündigen**, da keine feste Grundleasingzeit vereinbart worden ist. Der Leasinggeber trägt somit das volle Investitionsrisiko. Der Leasingnehmer hat i.d.R. die neueste Technologie zur Verfügung. Es handelt sich um Leasingobjekte (Kraftfahrzeuge, Fotokopiergeräte, Büromaschinen), die nach Beendigung des Leasingverhältnisses vom Leasinggeber problemlos erneut anderen Leasingnehmern zur Verfügung gestellt werden können.
   - **Financial-Leasing** (Finanzierungsleasing): Hier handelt es sich um **langfristige Verträge, die während der Grundleasingzeit unkündbar** sind. Nach Ablauf der Grundleasingzeit kann der Leasingnehmer entscheiden, ob er den Vertrag verlängern will oder einen neuen Vertrag über ein neues Leasingobjekt abschließen will. Er kann das Leasingobjekt auch vom Leasinggeber kaufen. Bei dieser Leasingform trägt der Leasingnehmer das Investitionsrisiko, d.h. das Risiko der wirtschaftlichen Wertminderung durch technischen Fortschritt. Beim Financial-Leasing handelt es sich bei den Leasingobjekten in der Regel um Gegenstände, die häufig eigens für den Leasingnehmer hergestellt worden sind z.B. Maschinen, Telefonanlagen, Gegenstände der Betriebs- und Geschäftsausstattung.

b) Leasing bringt **für den Feinkostgroßhändler folgende Vorteile:**
   - Geleaste Objekte sind i.d.R. auf dem neuesten Stand der Technik
   - Leasingnehmer hat bestimmte monatliche Raten, die genaue Kalkulation ermöglichen
   - Verringerung des Kapitalbedarfs
   - Kreditsicherheiten sind nicht erforderlich
   - Leasingkosten können aus den laufend erwirtschafteten Erträgen des Leasingobjektes bezahlt werden
   - keine Aktivierung der Leasinggüter in der Bilanz, Abzugsfähigkeit der Leasingraten als Betriebskosten

c)
   - Aufnahme eines Bankkredites (Fremdfinanzierung)
   - Aufnahme eines Gesellschafters (Beteiligungsfinanzierung)
   - Finanzierung aus einbehaltenen Gewinnen (Selbstfinanzierung)
   - Erhöhung der Bareinlagen des/der Gesellschafter/s (Einlagen-/Beteiligungsfinanzierung)

4 a)

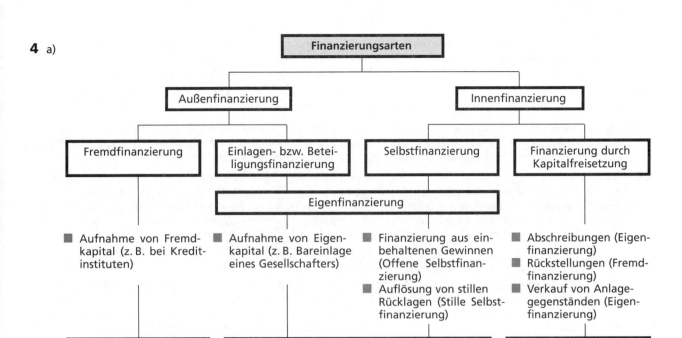

b) **Vorteile der Finanzierung mit Eigenkapital:**
   - Eigenkapital steht zeitlich unbefristet zur Verfügung.
   - keine laufenden Zins- und Tilgungsraten, dadurch wird die ständige Zahlungsbereitschaft (Liquidität) nicht beeinflusst; zwar muss das Eigenkapital in Form von Gewinnausschüttungen verzinst werden, die Höhe dieser Ausschüttungen wird aber von den Eigentümern selbst festgelegt.
   - Kreditwürdigkeit steigt, da das Haftungskapital größer wird, es kann somit leichter Fremdkapital beschafft werden, vorausgesetzt das Stammkapital erhöht sich.
   - Einsatz von Fremdkapital bleibt eingeschränkt.

c) ■ **Offene Selbstfinanzierung:** Hierunter versteht man eine Finanzierung aus erwirtschafteten, einbehaltenen Gewinnen (**Gewinnthesaurierung**). Hierdurch erhöht sich das Eigenkapital. Das Unternehmen finanziert sich aus eigener Kraft mit den Mitteln, die erwirtschaftet wurden. Bei dieser Finanzierung spricht man von **offener Selbstfinanzierung**, weil der einbehaltene Gewinn in der GuV-Rechnung und in der Bilanz offen ausgewiesen wird. Bei der GmbH wird der Gewinn den offenen Rücklagen zugeführt. Das gezeichnete Kapital bleibt wegen der Haftungsbeschränkung konstant.

   ■ **Verdeckte (stille) Selbstfinanzierung:** Neben dem Gewinn können **stille Rücklagen**, die in einem Unternehmen gebildet worden sind, für die Finanzierung von Investitionsvorhaben herangezogen werden. Diese entstehen durch **unterschiedliche Bewertungsansätze**, die das Bilanzrecht den Unternehmen einräumt. Sie können durch die **Überbewertung von Schulden oder Unterbewertung von Vermögensgegenständen** in der Bilanz gebildet werden. Bei der Auflösung der stillen Rücklage (beim Verkauf von Anlagen) wird diese Reserve als Gewinn ausgewiesen.

5 a) 3,5 %   b) 4 %   c) 8 %   d) 8 %   e) 3,75 %   f) 9 %   g) 20 %

6 3,75 %

7

	Zinsen	Rückzahlung		Zinsen	Rückzahlung
a)	373,28 EUR	12.973,28 EUR	d)	396,70 EUR	9.586,70 EUR
b)	2.907,55 EUR	63.807,55 EUR	e)	61,07 EUR	2.726,07 EUR
c)	152,50 EUR	4.362,50 EUR			

8 a) 9.120,00 EUR   b) 1.344,00 EUR   c) 2.700,00 EUR   d) 10.920,00 EUR
   e) 48.800,00 EUR   f) 6.000,00 EUR   g) 11.760,00 EUR

9 1.388,30 EUR

10 a) Der Ablauf der Wechselziehung und der Diskontierung entspricht dem Ablauf im Inlandsgeschäft, nur dass der Bezogene seinen Sitz im Ausland hat. Inländische Banken werden Wechsel mit ausländischen Bezogenen nur bei erstklassiger Bonität und ggf. weiteren Sicherheiten ankaufen.
   b) Der Vorteil liegt in der einfacheren Diskontierbarkeit des Wechsels begründet (s. o.), da eine Bank des Importeurs ihre Kreditwürdigkeit als Wechselschuldner zur Verfügung stellt (Kreditleihe).

11 Beim dokumentären Akzeptanzkredit kann die Bank des Importeurs eine dritte Bank beauftragen, die Tratte des Exporteurs zu akzeptieren. Diese dritte Bank wird als Remboursbank bezeichnet. Da sie lediglich eine beauftragte Bank ist, handelt sie auf Rechnung der Importbank.

12 a) Die Wertpapiere werden beliehen bzw. bevorschusst (negoziiert), sodass der verbriefte Forderungsbetrag bis zum Eingang der Zahlung ganz oder teilweise vorfinanziert wird.
   b) Kreditzinsen und Negoziierungsprovision.

13 Die Forfaitierung stellt ein Instrument gegen den Zahlungsausfall aufgrund wirtschaftlicher und politischer Risiken sowie gegen das Währungsrisiko dar. Durch den Ankauf ohne die Möglichkeit, den Exporteur in Regress zu nehmen, übernimmt der Forfaiteur das gesamte Risiko der Forderung.

14 Rechtsstellung des Schuldners/Art der Absicherung, Bonität des garantierenden Kreditinstituts, Bonität des Käufers, Land ders Geschäftssitzes des Schuldners (Länderkategorie).

15 Direkte Bankgarantien werden von der (meist inländischen) Hausbank des Auftraggebers erklärt, bei indirekten Bankgarantien beauftragt die Hausbank des Importeurs eine Zweitbank im Land des Begünstigten (Garantienehmer). Hierdurch fallen für den Auftraggeber mehr Kosten an.

16 Mit Devisentermingeschäften sichern sich Außenhändler gegen die für sie nachteilige Richtung von Wechselkursbewegungen ab: Exporteure gegen einen steigenden EUR-Wechselkurs, Importeure gegen einen fallenden (vgl. Lehrbuch S. 212). Sie schaffen sich dadurch eine gesicherte Kalkulationsbasis, können aber nicht mehr von möglicherweise eintretenden günstigen Wechselkursentwicklungen profitieren, weil sie zum vorher fixierten Kurs Devisen kaufen oder verkaufen müssen.

17 Gegen politische Risiken kann sich der Außenhändler zunächst durch eine intensive Informationsbeschaffung schützen, um ggf. Vorkehrungen zu treffen.
Informationsquellen sind bfai, AHK, Auslandsabteilungen der IHK, Auswärtiges Amt, befreundete Auslandsunternehmen, Banken im In- und Ausland sowie alle Institutionen bzw. Unternehmen, die politische Risiken im Außenhandel decken. Zur Deckung von Fabrikationsrisiken (die produzierten bzw. beschafften Waren können nicht verschifft werden) bzw. des Risikos des Zahlungsausfalls (z. B. durch Devisenknappheit des Staates) ist die Hermesdeckung ein geeignetes Instrument.

Prüfungsaufgaben

Gebundene Aufgaben zur Prüfungsvorbereitung

Lehrbuch Seiten 221 bis 224

1 3.

2 3., 4., 5.

3 2.

4 1., 3.

5 1. b) 2. c) 3. a) 4. a) 5. b) 6. d) 7. c)

6 5., 6.

7 1. a) 2. b) 3. c) 4. b) 5. d)

8 2., 3., 6.

9 2.

10 5.

11 a) 1., 3.
b) 1., 4.
c) 2., 5.
d) 2., 5.
e) 1., 3.

12 2.

13 2., 3.

14 3.

15 3.

16 2., 4.

17 1., 5.

18 4., 5.

19 1., 4.

20 3., 4.

Übungstest: Zinsrechnen

Zeit: 60 Minuten

1 Die Zahlungsbedingungen einer Unternehmung lauten: „Bei Zahlung innerhalb von 20 Tagen 3 % Skonto oder nach 60 Tagen ohne Abzug." Welchem Jahreszinssatz entspricht diese Kondition?

2 Eine Rechnung über 4.500,00 EUR war am 20. Oktober fällig. Der Schuldner zahlte verspätet 4.527,00 EUR einschließlich 9 % Verzugszinsen.
a) Wie viel Tage war der Kaufmann in Verzug?
b) An welchem Datum erfolgte die Rückzahlung?

3 Am 14. April gewährt die Bank einem Großhandelsbetrieb einen Kredit über 18.000,00 EUR. Der Zinssatz beträgt 8 %. Die Rückzahlung erfolgt am 31. Dezember.
a) Für wie viele Tage sind Zinsen zu berechnen?
b) Wie viel EUR betragen die Zinsen?
c) Wie viel EUR muss der Großhandelsbetrieb einschließlich Zinsen zurückzahlen?

4 Ein Rechnungsbetrag über 35.000,00 EUR ist am 12. Juni fällig. Am Fälligkeitstag können jedoch nur 11.000,00 EUR gezahlt werden. Der Restbetrag wird am 31. Juli einschließlich 96,00 EUR Verzugszinsen überwiesen.
a) Für wie viele Tage werden Verzugszinsen gezahlt?
b) Wie viel Prozent beträgt der Zinssatz für die Verzugszinsen?

5 Ein Großhandelsbetrieb erhält ein Darlehen von 60.000,00 EUR für die Zeit vom 17. Mai bis 22. Juli. Er muss 60.812,50 EUR einschließlich Zinsen zurückzahlen.
a) Für wie viele Tage sind die Zinsen zu zahlen?
b) Ermitteln Sie den Zinssatz!

6 Für eine Verbindlichkeit von 11.400,00 EUR musste ein Unternehmen 11.628,00 EUR einschließlich 10 % Zinsen zahlen. Für wie viele Tage wurden Verzugszinsen berechnet?

7 Ein Darlehen von 10.620,00 EUR ist für die Zeit vom 16. August bis 28. Oktober zu einem Zinssatz von 9,5 % gewährt worden.
a) Für wie viele Tage sind Zinsen zu berechnen?
b) Wie viel EUR betragen die Zinsen?

8 Ein Kredit mit einer Laufzeit von drei Monaten wird mit 11.760,00 EUR ausgezahlt. Vor der Auszahlung wurden die Zinsen abgezogen. Der Jahreszinssatz beträgt 8 %. Wie viel EUR beträgt die beantragte Kreditsumme?

9 Einem Großhandelsbetrieb wird von seiner Bank am 15. Juni ein Kredit über 41.000,00 EUR gewährt. Der Kredit ist mit 6 % zu verzinsen, er wird am 30. August zurückgezahlt.
a) Für wie viele Zinstage wird der Kredit in Anspruch genommen?
b) Wie viel EUR sind am 30. August einschließlich Zinsen zurückzuzahlen?

10 Ein Gebäude erbringt eine monatliche Mieteinnahme von 6.000,00 EUR. Die vierteljährlichen Abgaben an die Gemeinde betragen 2.400,00 EUR. An sonstigen Aufwendungen müssen jährlich 4.000,00 EUR gezahlt werden. Ein Kaufinteressent für das Gebäude erwartet eine Verzinsung des Kaufpreises von 5 %. Ermitteln Sie
a) die Summe der Jahreseinnahmen in EUR,
b) die Summe der Jahresausgaben in EUR,
c) den Jahresreinertrag in EUR,
d) den Kaufpreis in Tausend EUR (TEUR), den der Interessent anlegen muss, um die erwartete Verzinsung von 5 % zu erzielen!

Zum Übungstest: Zinsrechnen

1 27 %

2 a) 24 Tage   b) 6. 12.

3 a) 256 Tage   b) 1.024,00 EUR   c) 19.024,00 EUR

4 a) 58 Tage   b) 3 %

5 a) 65 Tage   b) 7,5 %

6 a) 72 Tage

7 a) 72 Tage   b) 201,78 EUR

8 12.000,00 EUR

9 a) 75 Tage   b) 512,50 EUR

10 a) 72.000,00 EUR   b) 13.600,00 EUR   c) 58.400,00 EUR   d) 1.168.000,00 EUR

Lehrmaterialien zu Lernfeld 10

Geplanter Stundenverlauf: Fallstudie über die Finanzierung von Gegenständen des Anlagevermögens

Unterrichtsverlauf mit Hinweisen auf entscheidende Anweisungen, Fragen, Impulse u.a.	Methodisch-mediale Hinweise (Beispiele)
Einführung Begrüßung, Vorstellung der Fallstudie durch den Lehrer, Formulierung des Arbeitsauftrages	Frontal/fragend-entwickelnd Arbeitsblätter 1, 2, 3
Erarbeitung Bearbeitung der Fallstudie durch die Schüler Schüler stellen ihre Lösung vor (etwa 4 Unterrichtsstunden später)	Gruppenarbeit mithilfe der Informationsblätter 1, 2
Sicherung Zusammenfassung des Stoffes	Frontal/fragend-entwickelnd mithilfe des Lehrbuches S. 143 ff. Wiederholungsaufgaben lt. Lehrbuch S. 143 ff.
Übung Übungsaufgaben, Schüler stellen ihre Lösung vor	Einzelarbeit mithilfe des Lehrbuches Aufgaben zur Erweiterung und Vertiefung aus dem Lehrbuch S. 143 f.

Arbeitsblatt 1

Handlungssituation
Frau Primus und Herr Müller, die Gesellschafter und Geschäftsführer der Primus GmbH, Koloniestr. 2–4, 47057 Duisburg, haben sich mit Svenja Braun, der Assistentin der Geschäftsleitung, zusammengesetzt, um über einen Großauftrag des Umweltministeriums zu beraten. Das Umweltministerium benötigt im Laufe der nächsten drei Jahre Büromöbel und Büromaterial im Wert von 3,5 Mio. EUR. Um diesen Auftrag anzunehmen, ist eine Ausweitung der vorhandenen Kapazitäten erforderlich. Zwei Lkw (Anschaffungskosten 125.000,00 EUR) müssen angeschafft werden. Außerdem wollen die Gesellschafter ein Nachbargrundstück im Werte von 80.000,00 EUR erwerben, um eine neue Lagerhalle zu errichten (geschätzte Baukosten 130.000,00 EUR).

Es stellt sich die Frage: Wie können diese Investitionen finanziert werden?

Arbeitsblatt 2

Zur Beantwortung dieser Fragen nehmen Sie die Bilanz und die Gewinn- und Verlustrechnung der Primus GmbH zur Hand.

A	Bilanz der Primus GmbH, Duisburg, zum 31. Dezember des Vorjahres		P
I. Anlagevermögen		**I. Eigenkapital**	
1. Bebaute Grundstücke	400.000,00	1. Gezeichnetes Kapital	600.000,00
2. Gebäude	315.000,00	**II. Schulden**	
3. Fuhrpark	125.000,00	1. Verbindlichkeiten	
4. Betriebs- und Geschäfts-		gegenüber Banken*	500.000,00
ausstattung	110.000,00	2. Verbindlichkeiten a. LL	100.000,00
II. Umlaufvermögen		3. Umsatzsteuer	50.000,00
1. Warenbestand	130.000,00		
2. Forderungen a. LL	70.000,00		
3. Bankguthaben	98.800,00		
4. Kasse	1.200,00		
	1.250.000,00		1.250.000,00

* Davon 2 mit einer Laufzeit bis zu einem Jahr 50.000,00
      mit einer Laufzeit über 5 Jahren 400.000,00

Aufwendungen	Gewinn- und Verlustrechnung ..		Erträge
Aufwendungen für bezogene		Umsatzerlöse	3.800.000,00
Waren	1.976.000,00	Zinserträge	2.400,00
Personalaufwand	1.043.000,00	Außerordentliche Erträge	7.600,00
Abschreibungen	72.000,00		
Sonstige betriebliche Aufw.	304.000,00		
Zinsaufwendungen	31.000,00		
Außerordentliche Aufw.	20.000,00		
Steuern	193.000,00		
Gewinn	171.000,00		
	3.810.000,00		3.810.000,00

Bearbeiten Sie bitte die nachfolgend aufgeführten Arbeitsaufträge nacheinander. Die Ergebnisse werden in den nächsten Stunden präsentiert. Halten Sie daher alle Arbeitsergebnisse schriftlich fest, und berücksichtigen Sie die erforderliche Zeit für die Vorbereitung der Präsentation, die z. B. in Form von Plakaten, Tafelanschrieb, Folien, Referaten usw. erfolgen kann.
Folgendes Informationsmaterial steht Ihnen zur Verfügung:
■ Bilanz und GuV-Konto der Primus GmbH
■ Lehrbuch S. 143 ff.
■ Informationsblatt 1: Angebot von Lkw-Handel, A. Joost e. K.
■ Informationsblatt 2: Grundschuldkredit, Leasing, Kontokorrentkredit, Sicherungsübereignungskredit

Arbeitsblatt 3

Arbeitsaufträge
1. Ermitteln Sie die notwendigen Investitionen und legen Sie den erforderlichen Investitionsbetrag in EUR fest!
2. Ermitteln Sie das Kapital, welches Ihnen für die Finanzierung der Investition zur Verfügung steht. Berechnen Sie die möglicherweise entstehende Finanzierungslücke!
3. Geben Sie an, wie Sie die einzelnen Investitionen finanzieren wollen. Erstellen Sie hierzu ein umfassendes Finanzierungskonzept, indem Sie für jede Investition Finanzierungsalternativen vorlegen (z. B. durch eine tabellarische Gegenüberstellung), diese diskutieren und sich für eine entscheiden. Begründen Sie jede getroffene Entscheidung ausführlich!
   Berücksichtigen Sie bei Ihren Überlegungen, dass die Geschäftsführer der Primus GmbH, Herr Müller und Frau Primus, eine Vorauswahl der Finanzierungsalternativen getroffen haben:
   ■ Für die Lkw kommen entweder ein Barkauf, eine Finanzierung mit Fremdkapital oder das Leasing infrage.
   ■ Als weitere Möglichkeiten der Fremdfinanzierung zur Deckung der Finanzierungslücke stehen bei der Hausbank, der Sparkasse Duisburg, folgende Alternativen zur Verfügung:
   – Grundschuldkredit (Effektivzinssatz 7,4 %)
   – Sicherungsübereignungskredit (Effektivzinssatz 8,2 %)
   – Kontokorrentkredit (Zinssatz 14,5 %)
4. Stellen Sie unter Zugrundelegung aller Finanzierungsentscheidungen eine Eröffnungsbilanz der Primus GmbH auf!
5. Ermitteln Sie den Vermögens- und Kapitalaufbau der Bilanz nach der getätigten Investition. Erläutern Sie die sich aus dieser Finanzierung ergebenden Chancen und Risiken für die Primus GmbH!
6. Geben Sie an, um welche Finanzierungsart es sich handelt, wenn beide Gesellschafter ihren Gewinnanteil wieder in die GmbH investieren. Stellen Sie die sich daraus ergebenden Vorteile und Gefahren in einer Tabelle gegenüber!

Informationsblatt 1

Lkw-Handel, A. Joost e. K., Baustr. 17, 47179 Duisburg

Angebot vom 16. Juni .. an die Primus GmbH

Leasing – Angebot für Lastkraftwagen

Unter Zugrundelegung der derzeit gültigen Leasingbedingungen und vorbehaltlich der Annahme durch die Deutsche Leasing GmbH, Duisburg, unterbreiten wir Ihnen nachfolgendes, unverbindliches Leasing-Angebot:

Transporter Kastenwagen Allegro, 120 kW Diesel
Lackierung: Karibikgrün; Innenausstattung: Biber-Hellgrau/Mittelgrau
Fahrzeugpreis   62.500,00 EUR

Jährliche Fahrleistung: 25.000,00 km, Vertragsdauer: 36 Monate, ohne Gebrauchtwagen-Abrechnung.
Überführungs-/Zulassungskosten werden gesondert berechnet,
monatliche Leasingrate ohne Dienstleistungen   EUR 950,00
Wird die vereinbarte Laufleistung um mehr als 2500 km über- bzw. unterschritten, so werden für jeden
Mehr-Kilometer 5 Ct/km berechnet bzw. für jeden Minder-Kilometer 3,5 Ct/km vergütet.
Der Abschluss von Kfz-Versicherungen durch die Deutsche Leasing GmbH ist nicht Vertragsbestandteil.
Das Leasingfahrzeug wird vom Leasingnehmer bedingungsgemäß versichert.

Alle Werte sind ohne Umsatzsteuer, die jeweils gültige Umsatzsteuer wird gesondert berechnet.

Ihre **Leasing-Vorteile** auf einen Blick:
– Leasing bindet kein Kapital. Es schont Ihre Liquidität und erlaubt zusätzliche Investitionen.
– Leasing befreit von Risiken. Leasing-Raten schaffen klare Kostengrundlagen.
– Leasing reduziert die Verwaltungsarbeit. Die betriebsfremden Arbeiten rund ums Auto werden von
  unseren Spezialisten kostengünstig für Sie erledigt.
– Leasing bringt Steuererleichterungen.

Bei Rückfragen wenden Sie sich bitte an:
Herrn Schmitz, Tel. 0203 162847, FAX 0203 162849

Informationsblatt 2

Grundpfandkredit (vgl. Lehrbuch S. 177 f.):

Voraussetzung für eine Grundschuld ist beleihungsfähiges Grundeigentum, das entweder unbelastet oder
nur gering belastet ist. Der übliche Beleihungswert liegt zwischen 40 und 60 % des Zeitwertes.
Charakteristisch für Grundschulden ist die lange Darlehenslaufzeit in Verbindung mit einer langen Zinsfest-
schreibung; sie ermöglicht eine gesicherte Kalkulation der Finanzierungskosten bei niedrigen Rückzahlungs-
raten.

Leasing (vgl. Lehrbuch S. 165 f.):

Investitionen lassen sich u. a. durch *Leasing* finanzieren. Unternehmen nutzen diese Alternative zu traditio-
nellen Finanzierungsformen in wachsendem Umfang. Statt einer Kreditfinanzierung werden die benötigten
Güter, die die Leasinggesellschaft für das investierende Unternehmen kauft, geleast (= gemietet). Für das
leasende Unternehmen entfällt der anfänglich hohe Kapitaleinsatz.
Mit der Nutzung des Leasingobjekts im Unternehmen beginnt der – sich über einen längeren Zeitraum
erstreckende – Liquiditätsabfluss durch Zahlung der Leasingraten.
Der Leasingnehmer muss eine nachhaltig zufriedenstellende Ertragskraft haben. Die Leasinggesellschaft
erwartet, dass er in der Lage ist, den Vertrag bis zum Ende der Laufzeit vereinbarungsgemäß zu erfüllen.
Bei beweglichen Gegenständen muss es sich um leicht verwertbare Gegenstände handeln (keine Spezialma-
schinen), denn nur dann kann der Leasinggeber den Gegenstand eventuell weitervermieten.

Leasing bietet folgende *Vorteile*:
■ Kein anfänglicher Kapitaleinsatz für die Investition, da die Leasinggesellschaft die Anschaffung über-
  nimmt.
■ Die Höhe der Leasingraten lässt sich steuern, da sich die Grundleasingzeit auf 40 bis 90 % der betriebsge-
  wöhnlichen Nutzungsdauer erstrecken kann.
■ In der Regel ist keine Kreditsicherheit erforderlich, d. h., das Unternehmen schont seine Sicherheiten für
  andere Finanzierungsformen (z. B. Darlehen).
■ Keine Bilanzierung der Investition beim Leasingnehmer, da der geleaste Gegenstand beim Leasinggeber
  (Leasinggesellschaft) aktiviert wird.
■ Gewerbesteuerersparnis, da sich die Gewerbesteuer nach den Vermögenswerten richtet.
■ Kein Einfluss auf die Finanzstruktur.
■ Feste Mieten ermöglichen eine klare Kalkulationsbasis für den Einsatzzeitraum der Anlage.

Kontokorrentkredit (vgl. Lehrbuch S. 151):

Ein Unternehmen hat die Möglichkeit, sein Konto bei einem Kreditinstitut bis zur Höhe eines vereinbarten
Betrages in Anspruch zu nehmen – zu überziehen.

Sicherungsübereignungskredit (vgl. Lehrbuch S. 176 f.):

Ein Unternehmen übereignet einem Kreditgeber zur Sicherung eines Kredites Gegenstände des Anlagevermögens, behält diese aber in seinem Besitz.

1 Ziele und Bestandteile des Jahresabschlusses erläutern

Lehrbuch Seite 225

Handlungssituation

■ Kapitalgesellschaften, zu denen die Primus GmbH zählt, müssen einen erweiterten Jahresabschluss erstellen, bestehend aus Bilanz, GuV-Rechnung und Anhang. Außerdem haben sie den Jahresabschluss durch einen Lagebericht zu ergänzen.
Den kleinen Kapitalgesellschaften räumt der Gesetzgeber allerdings Erleichterungen für die Gliederung der Bilanz und der GuV-Rechnung und für die Veröffentlichung ein.

■ In Einzelunternehmen und Personengesellschaften besteht der Jahresabschluss aus der Bilanz zur Darstellung der Vermögenslage und der Gewinn- und Verlustrechnung zur Darstellung der Ertragslage.
In Kapitalgesellschaften besteht er aus der Bilanz zur Darstellung der Vermögens- und Finanzlage, der Gewinn- und Verlustrechnung zur Darstellung der Ertragslage und dem Anhang mit ergänzenden Angaben zur Bilanz und Gewinn- und Verlustrechnung zur Verbesserung der Einsicht in die Vermögens-, Finanz- und Ertragslage.

■ Vgl. Seite 225 und 226 des Lehrbuches

Lehrbuch Seiten 244 bis 247

1 Berechnung des Rohergebnisses

Umsatzerlöse	6.497.800,00
+ Sonstige betriebliche Erträge	24.000,00
− Aufwendungen für bezogene Waren	2.398.100,00
± Rohergebnis	4.123.700,00

GuV-Rechnung der kleinen Kapitalgesellschaft

1. Rohergebnis	4.123.700,00
2. Personalaufwand (Löhne und Gehälter)	2.818.300,00
3. Abschreibungen	206.600,00
4. Sonstige betriebliche Aufwendungen	126.600,00
Betriebsergebnis	972.200,00
5. Zinsen u. ä. Aufwendungen	27.400,00
6. Zinsen u. ä. Erträge	38.150,00
Finanzergebnis	10.750,00
7. Ergebnis der gewöhnlichen Geschäftstätigkeit	982.950,00
8. Steuern vom Einkommen (Körperschaftsteuer) und Ertrag (Gewerbesteuer)	397.450,00
9. Sonstige Steuern (Kfz)	36.000,00
Jahresüberschuss	549.500,00

2 Berechnung des Rohergebnisses

Umsatzerlöse	3.450.000,00
+ Sonstige betriebliche Erträge	60.000,00
− Aufwendungen für bezogene Waren	1.008.000,00
± Rohergebnis	2.502.000,00

GuV-Rechnung der kleinen Kapitalgesellschaft

1. Rohergebnis	2.502.000,00
2. Personalaufwand (Löhne und Gehälter)	1.452.000,00
3. Abschreibungen	248.000,00
4. Sonstige betriebliche Aufwendungen	203.200,00
Betriebsergebnis	598.800,00
5. Zinsen u. ä. Aufwendungen	19.800,00
6. Zinsen u. ä. Erträge	16.100,00
Finanzergebnis	− 3.700,00
7. Ergebnis der gewöhnlichen Geschäftstätigkeit	595.100,00
8. Steuern vom Einkommen und Ertrag (Körperschaft- und Gewerbesteuer)	280.000,00
Jahresüberschuss	315.100,00

3 A   Bilanz der kleinen Kapitalgesellschaft   P

A. Anlagevermögen		**A. Eigenkapital**	
I. Sachanlagen	2.670.000,00	I. Gezeichnetes Kapitel	1.880.000,00
B. Umlaufvermögen		II. Jahresüberschuss	165.000,00
I. Vorräte (Waren)	143.500,00	**B. Verbindlichkeiten**	
II. Forderungen und sonstige		I. Verbindlichkeiten gegen-	
Vermögensgegenstände	87.500,00	über Kreditinstituten	907.000,00
III. Schecks, Kassenbestand,		II. Verbindlichkeiten a. LL	150.200,00
Bundesbank- und Post-		III. Sonstige Verbindlichkeiten	31.600,00
bankguthaben, Guthaben			
bei Kreditinstituten	232.800,00		
	3.133.800,00		**3.133.800,00**

4 a) Einzelunternehmen: Bilanz und GuV-Rechnung
         Kapitalgesellschaften: Bilanz, GuV-Rechnung, Anhang

   b) **Bilanz**
     Darstellung der Vermögens- und Finanzlage durch Gegenüberstellung von Vermögen und Kapital mit Angabe der Laufzeiten von Forderungen und Verbindlichkeiten
     GuV-Rechnung
     Darstellung der Ertragslage durch Gegenüberstellung von Aufwendungen und Erträgen, gegliedert nach Erfolgsquellen
     Anhang
     Ergänzung der Angaben in der Bilanz und der GuV-Rechnung zur Verbesserung der Einsicht in die Vermögens-, Finanz- und Ertragslage durch Hinweise zu Einzelpositionen.
     Beispiele: Gliederung der Umsätze nach Absatzgebieten oder Warengruppen
               Gliederung der Forderungen und Verbindlichkeiten nach Restlaufzeiten
     Lagebericht
     Er ergänzt den Jahresabschluss durch Informationen über Stand und Entwicklung der Unternehmung und über Ereignisse, die die künftige Vermögens-, Finanz- und Ertragslage besonders beeinflussen: z. B. Auftragslage, Umstellung, Erweiterung/Einengung des Sortiments, Ausfall eines Großkunden, organisatorische Umstellungen u. a.

5 a) 7   b) 1   c) 3   d) 2   e) 6   f) 4   g) 5   h) 8

6 a) Rohergebnis: 5.925 + 175 − 2 450 =   3.650 TEUR
   b) Betriebliches Ergebnis: 3.650 − 1.850 − 350 − 480 =   970 TEUR
   c) Finanzergebnis: 260 − 180 =   80 TEUR
   d) Ergebnis der gewöhnlichen Geschäftstätigkeit: 970 + 80 =   1.050 TEUR
   e) Jahresüberschuss: 1.050 − 450 − 250 =   350 TEUR

7 a)   3.080 TEUR   **8** a)   1.500 TEUR
   b)   1.920 TEUR   b)   200 TEUR
   c)   3.200 TEUR   c)   1.170 TEUR
   d)   1.800 TEUR   d)   1.000 TEUR
   e) 50.800 TEUR   e)   1.250 TEUR
   f) 52.000 TEUR
   g)   1.200 TEUR

2 Den Jahresabschluss vorbereiten

2.1 Vermögen und Schulden nach Handelsrecht bewerten

Lehrbuch Seite 247

Handlungssituation

■ Hohe Bewertungen führen zu einem hohen Vermögens- und Gewinnausweis und damit zur Verbesserung der Kreditwürdigkeit. Umgekehrt führen niedrige Bewertungen zur Senkung des steuerpflichtigen Gewinns. Dadurch können Steuerzahlungen verhindert werden. Dies wirkt sich positiv auf die Liquidität aus.

■ (1.) Der geschätzte Verkehrswert ist nicht realisiert (erst bei Verkauf). Bei seinem Ausweis werden 40.000,00 EUR Scheinvermögen ausgewiesen.
     Um Kreditgeber nicht über die tatsächliche Vermögenslage zu täuschen, darf der Anschaffungswert nicht überschritten werden.

  (2.) Die Verpackungsmaschine ist rund ein Jahr genutzt und abgenutzt worden. Der Wert ist über die Abschreibung zu korrigieren. Ohne diese Wertekorrektur würde der Aufwand zu niedrig, der Gewinn zu hoch (Scheingewinn) ausgewiesen.

1 $\dfrac{43.680}{7} = 6.240,00$ EUR oder $\dfrac{100}{7} = 14\,2/7\,\%$;

folglich 14 2/7 % von 43.680,00 EUR = 6.240,00 EUR

Anschaffungskosten	43.680,00 EUR
− Abschreibung 1. Jahr	6.240,00 EUR
Buchwert nach dem 1. Jahr	37.440,00 EUR
− Abschreibung 2. Jahr	6.240,00 EUR
Buchwert nach dem 2. Jahr	31.200,00 EUR

2

Maschine ND: 12 Jahre	lineare Abschreibung 8 1/3 %
Anschaffungskosten 1. Abschreibung	600.000,00 EUR 50.000,00 EUR
Buchwert nach einem Jahr 2. Abschreibung	550.000,00 EUR 50.000,00 EUR
Buchwert nach zwei Jahren 3. Abschreibung	500.000,00 EUR 50.000,00 EUR
Buchwert nach drei Jahren 4. Abschreibung	450.000,00 EUR 50.000,00 EUR
Buchwert nach vier Jahren	400.000,00 EUR

3

Anlagegut	ND	AfA-Satz	AK	AK-Jahr	AfA	Summe AfA	Buch-wert 08
1 Lastkraftwagen	9	11,11 %	180.000,00	Jan. 2005	20.000,00	80.000,00	100.000,00
1 Elektrolastwagen	10	10,00 %	60.000,00	Jan. 2006	6.000,00	18.000,00	42.000,00
1 Bürocomputer	5	20,00 %	20.000,00	Jan. 2006	4.000,00	12.000,00	8.000,00
1 Panzerschrank	10	10,00 %	14.000,00	Jan. 2005	1.400,00	5.600,00	8.400,00

4 a) 1. Abschreibungssatz: $\dfrac{100}{9} =$ $11\dfrac{1}{9}\%$

2. Abschreibungsbetrag: $\dfrac{96.000}{9} =$ $\underline{\underline{11.000,00\ \text{EUR}}}$

3. Buchwert nach dem 1. Jahr: $99.000 - 11.000 =$ $\underline{\underline{88.000,00\ \text{EUR}}}$

b) 1. Abschreibungen
auf Sachanlagen   19.000,00 an Fuhrpark   19.000,00
2. GuV   19.000,00 an Abschreibungen auf Sachanlagen   19.000,00
3. SBK   88.000,00 an Fuhrpark   88.000,00

5 a, c, d, e

6

Anlage-gut	a) Abschreibungssatz in %	b) betriebsgewöhliche Nutzungsdauer in Jahren	c) Buchwert nach dem 3. Jahr in EUR
A	6,25	16	56.225,00
B	12,5	8	110.000,00
C	$6\dfrac{2}{3}$	15	34.320,00
D	20	5	50.200,00

7		Lkw	Lagersteuerungsanlage
a) Abschreibungsbetrag		8.900,00 EUR	14.500,00 EUR
b) Betriebsgewöhnliche Nutzungsdauer		10 Jahre	12 Jahre
c) Abschreibungssatz		10 %	$8\frac{1}{3}$ %
d) Buchwert nach dem 3. Jahr		62.300,00 EUR	130.500,00 EUR
e) Gesamtabschreibung in %		30 %	25 %

8 Abschreibungen auf Sachanlagen 10.000,00 an Fuhrpark 10.000,00
GuV 10.000,00 an Abschreibungen auf Sachanlagen 10.000,00
SBK 50.000,00 an Fuhrpark 50.000,00

9 Abschreibungsbetrag: 8.000,00 EUR
Buchung:
Abschreibungen 8.000,00 an Fuhrpark 8.000,00

10 Abschreibungsbetrag für das 2. Nutzungsjahr: 15.600,00 EUR
Buchwert nach dem 2. Nutzungsjahr: 78.000,00 EUR

11 a) Abschreibungen auf Sachanlagen 111.300,00 an Gebäude 34.800,00
an Lager- und Transporteinrichtungen 22.500,00
an Geschäftsausstattung 12.000,00
an Fuhrpark 42.000,00
b) GuV 111.300,00 an Abschreibungen 111.300,00
c) SBK 835.200,00 an Gebäude 835.200,00
SBK 247.500,00 an Lager- und Transporteinrichtungen 247.500,00
SBK 108.000,00 an Geschäftsausstattung 108.000,00
SBK 378.000,00 an Fuhrpark 378.000,00

12

	AfA-Satz linear
5 Jahre	20 %
6 Jahre	$16\frac{2}{3}$ %
8 Jahre	12,5 %
10 Jahre	10 %
12 Jahre	$8\frac{1}{3}$ %
16 Jahre	$6\frac{1}{4}$ %
20 Jahre	5 %

13

	lineare AfA	Leistungs-AfA
Abschreibungsbetrag	$\dfrac{192.000}{10} = 19.200,00$ EUR	$\dfrac{192.000 \cdot 129.600}{480.000} = 51.840,00$ EUR
Buchwert	172.800,00 EUR	140.160,00 EUR

14 a) $160.000 - \dfrac{160.000 \cdot 206.000}{400.000} = 82.400,00$ EUR

b) – Die Wertminderung wird proportional zur Leistungsabgabe bemessen.
 – Diese Methode eignet sich besonders für die Einrechnung der Kosten in die Kalkulation: Alle Leistungseinheiten werden mit dem selben Abschreibungsbetrag belastet.
 – nachteilig wirkt sich der niedrige Aufwand bei niedriger Leistung aus

15

	linear	Leistungsabschreibung
Anschaffungswert	459.000,00	459.000,00
AfA 1	38.250,00	38.556,00
Buchwert 1	420.750,00	420.444,00
AfA 2	38.250,00	43.146,00
Buchwert 2	382.500,00	377.298,00
AfA 3	38.250,00	19.737,00
Buchwert 3	344.250,00	357.561,00

16 a) linearer AfA-Betrag: 285.600 : 12 = 23.800,00 EUR

b) linearer AfA-Satz: $100 : 12 = 8\frac{1}{3}\%$

c) AfA nach Leistungseinheiten: $\dfrac{285.600 \cdot 20.608}{204.000} = 28.851,20$ EUR

17 a) Anschaffungswert: 48.000,00 EUR

AfA 1 linear: $\dfrac{48.000 \cdot 11}{6 \cdot 12} = 7.333,33$ EUR

Buchwert 1: 40.666,67 EUR

b)
Fuhrpark	48.000,00	an	Verbindl. aLL	48.000,00
Abschreibungen	7.333,33	an	Fuhrpark	7.333,33
GuV	7.333,33	an	Abschreibungen	7.333,33
SBK	40.666,67	an	Fuhrpark	40.666,67

18 a)
GWG	960,00	an	Verbindl. aLL	960,00
Fuhrpark	120.000,00	an	Verbindl. aLL	120.000,00
Büromaterial	38,00	an	Verbindl. aLL	38,00
GWG	400,00	an	Verbindl. aLL	400,00

b) zu 1: $960 - \dfrac{960 \cdot 20}{100} = 768,00$ EUR

zu 2: $120.000 - \dfrac{120.000 \cdot 6}{10 \cdot 12} = 114.000,00$ EUR

zu 3: Sofort bei der Anschaffung als Aufwand erfasst; daher keine Bilanzierung

zu 4: $400 - \dfrac{400 \cdot 20}{100} = 320,00$ EUR

c)
Abschreibungen auf Sachanlagen	6.272,00
an GWG	192,00
an Fuhrpark	6.000,00
an GWG	80,00

d) Die GWG werden teilweise über einen längeren Zeitraum (PC), teilweise über einen kürzeren Zeitraum (Drehstuhl) als ihre Nutzungsdauer abgeschrieben.

19 Anschaffungskosten von Anlagen

Aufgabe: Erläutern Sie die Zusammensetzung der Anschaffungskosten von Anlagen.

Lösung: Unter Anschaffungskosten ist der Wert eines Anlagegutes zu verstehen, den das Großhandelsunternehmen aufwenden muss, um das Anlagegut zu beschaffen und um es in einen betriebsbereiten Zustand zu bringen. Dazu gehören auch die Anschaffungsnebenkosten wie Transportkosten, Fundamentierungskosten und Montagekosten. Anschaffungskostenminderungen wie Rabatt und Skonto sind von den Anschaffungskosten abzusetzen. Keine Anschaffungskosten sind die absetzbare Vorsteuer und die Kosten der Geldbeschaffung.

Anschaffungsnebenkosten

Aufgabe: Was verstehen Sie unter Anschaffungsnebenkosten?

Lösung: Anschaffungsnebenkosten sind Kosten, die bei der Beschaffung oder nach der Beschaffung zur Versetzung in den betriebsbereiten Zustand anfallen.

■ Anschaffungsnebenkosten bei der Beschaffung:
– Transportkosten wie Überführungskosten, Transportversicherung, Transportverpackung
■ Anschaffungsnebenkosten nach der Beschaffung:
– Fundamentierungskosten zur Verankerung von Anlagen und
– Montagekosten zum Aufbau, zum Anschluss und zur Kontrollabnahme (z. B. TÜV) von Anlagen.

Abschreibungsursachen

Aufgabe: Nennen Sie wichtige Ursachen der Abschreibung.

Lösung: Abnutzbare Anlagen unterliegen einem Werteverfall. Hauptursache dieses Werteverfalls sind technischer Verschleiß, ruhender Verschleiß, technische Überholung, Katastrophenverschleiß. Der Werteverfall wird von Jahr zu Jahr mittels Abschreibungen erfasst.

Abschreibungen

Aufgabe: Was verstehen Sie unter Abschreibungen?

Lösung: Unter Abschreibungen versteht man die buchmäßige Erfassung der Wertminderung des Anlagevermögens. Dadurch werden die Anschaffungskosten nach und nach als Aufwand erfasst und auf die Jahre der Nutzung verteilt.

Abnutzbares Anlagevermögen

Aufgabe: Was verstehen Sie unter abnutzbarem Anlagevermögen?

Lösung: Abnutzbares Anlagevermögen umfasst Anlagegüter, deren Nutzung zeitlich begrenzt ist. Sie unterliegen einem ständigen Werteverfall und müssen von Zeit zu Zeit durch neue Anlagegüter ersetzt werden.

Abschreibungsplan
Aufgabe: Was verstehen Sie unter einem Abschreibungsplan?
Lösung: Für jedes abnutzbare Anlagegut ist ein Abschreibungsplan zu erstellen, der alle Daten enthält, die für die Berechnung der Abschreibung wichtig sind. Dazu gehören die Bezeichnung des Anlagegutes, der Tag der Anschaffung, die Höhe der Anschaffungskosten, die voraussichtliche Nutzungsdauer und die Abschreibungsmethode.

AfA-Tabelle
Aufgabe: Erläutern Sie die Bedeutung von AfA-Tabellen.
Lösung: Die AfA-Tabellen enthalten verbindliche Angaben zur Nutzungsdauer von abnutzbaren Anlagen, anhand derer die Abschreibungssätze für die lineare und für die Leistungsabschreibung ermittelt werden können. Diese Tabellen werden vom Bundesfinanzministerium und dem Bundeswirtschaftsministerium in Kooperation mit den Wirtschaftsverbänden erstellt.

Anlagendatei
Aufgabe: Was verstehen Sie unter einer Anlagendatei?
Lösung: Für jedes Wirtschaftsgut des Anlagevermögens ist eine eigene Anlagendatei mit den für die Abschreibung notwendigen Daten (siehe Abschreibungsplan) anzulegen. Aufgrund dieser Daten im Kopf der Datei können die Eintragungen wie Zugang, Abgang, Abschreibung, Bestand erfasst werden.

Abschreibungsmethoden
Aufgabe: Nennen Sie die wichtigsten Abschreibungsmethoden.
Lösung: Zu unterscheiden sind lineare Abschreibung (siehe dort) und Leistungsabschreibung (siehe dort).

Lineare Abschreibung
Aufgabe: Erläutern Sie die lineare Abschreibung.
Lösung: Es handelt sich um die gleichbleibende Abschreibung von den Anschaffungskosten. Die Anschaffungskosten werden gleichmäßig auf die Jahre der Nutzung verteilt. Am Ende der Nutzungsdauer wird der Wert null erreicht. Es wird unterstellt, dass die Abnutzung der Anlage von Jahr zu Jahr gleich hoch ist.

Leistungsabschreibung
Aufgabe: Erläutern Sie die Leistungsabschreibung.
Lösung: Abschreibung von beweglichen und abnutzbaren Anlagegütern entsprechend der jährlich nachgewiesenen Leistungsabgabe. Dazu wird die Nutzungsdauer nicht in Jahren, sondern in Leistungskapazität angegeben. Sie ist bei schwankender Leistungsabgabe empfehlenswert.

Buchwert
Aufgabe: Was verstehen Sie unter dem Buchwert?
Lösung: Nach Abschreibung wird der Wert der Anlage in der Buchführung ausgewiesen. Dieser Buchwert muss jedoch nicht mit dem tatsächlichen Wert beim Verkauf oder dem Inventurwert zum Ende des Jahres übereinstimmen.

Erinnerungswert
Aufgabe: Was ist ein Erinnerungswert?
Lösung: Abnutzbare Anlagegüter, die nach der geschätzten Nutzungsdauer noch im Betrieb genutzt werden, werden im Inventar noch mit 1,00 EUR (Erinnerungswert) erfasst.

Geringwertige Wirtschaftsgüter des Anlagevermögens
Aufgabe: Was sind geringwertige Wirtschaftsgüter des Anlagevermögens?
Lösung: Dies sind abnutzbare und selbstständig nutzbare Wirtschaftsgüter des Anlagevermögens mit einem Anschaffungswert bis 1500,00 EUR. Sie werden in einem Sammelpool erfasst und gemeinsam über 5 Jahre linear abgeschrieben. Mit einem Anschaffungswert bis 150,00 EUR werden sie bei ihrer Anschaffung sofort als Aufwand erfasst.
Mit diesem Bewertungsrecht will der Gesetzgeber die Bewertungsproblematik im Rahmen der jährlichen Inventur reduzieren bzw. vereinfachen und den Spielraum einer gewinnbeeinflussenden Bilanzpolitik einengen.

Abschreibungsauswirkung
Aufgabe: Welche Auswirkung hat die Abschreibung in der Bilanz, in der Gewinn- und Verlustrechnung und in der Kalkulation?
Lösung:
- **In der Bilanz:** Wertminderung des Anlagevermögens (jährliche Korrektur des Vermögens);
- **In der GuV-Rechnung:** Aufwandserhöhung und Gewinnschmälerung, Steuerersparnis;
- **In der Kalkulation:** Abschreibungen werden als Teil der Handlungskosten einkalkuliert. Über die Umsatzerlöse werden sie zur Refinanzierung der Anschaffungskosten wieder hereingeholt.

20 a) Jährliche Abschreibung: $\dfrac{24.000}{8} = 3.000,00$ EUR

b) Es wurden bisher $3 \cdot 3.000,00$ EUR abgeschrieben. Die Anlage befindet sich somit im 4. Nutzungsjahr.

c) – Abschreibungen auf Sachanl. 3.000,00 an BuG 3.000,00
   – GuV 3.000,00 an BuG 3.000,00
   – SBK 15.000,00 an BuG 15.000,00

21 1. Büromaterial 37,00
   Vorsteuer 7,03 an Kasse 44,03
   2. Büromaterial 65,00
   Vorsteuer 12,35 an Kasse 77,35
   3. Geringwertige Wirtschaftsgüter des AV
   380,00
   Vorsteuer 72,20 an Kasse 452,20

22 (1) linear: b, d, e, f, h   (2) Leistungsabschreibung: a, c, g, i

23 a) 1. GWG 880,00
   Vorsteuer 167,20 an Bank 1.047,20
   2. Büromaterial 40,00
   Vorsteuer 7,60 an Bank 47,60
   3. Fuhrpark 32.000,00
   Vorsteuer 6.080,00 an Bank 38.080,00
   4. Geschäftsausstattung 12.000,00
   Vorsteuer 2.280,00 an Bank 14.280,00
   b) 1. mit 704,00 EUR
   2. mit 0,00 EUR
   3. mit 28.000,00 EUR
   4. mit 10.000,00 EUR
   c) 1. Abschreibungen auf Sachanlagen 176,00 an GWG 176,00
   2. –
   3. Abschreibungen auf Sachanlagen 4.000,00 an Fuhrpark 4.000,00
   4. Abschreibungen auf Sachanlagen 2.000,00 an Geschäftsausstattung 2.000,00

24 a) 7.500,00 EUR
   b) Abschreibungen auf Sachanlagen 7.500,00 an Fuhrpark 7.500,00
   c) 15.000,00 EUR

25 a) Anschaffungswert beider PC = 4.500,00 EUR
   $$\frac{4.500 \cdot 25 \cdot 10}{100 \cdot 12} + \frac{780 \cdot 20}{100} = 1.093,50 \text{ EUR}$$
   b) Geschäftsausstattung 4.500,00
   GWG der GA 780,00
   Vorsteuer 1.003,20 an Verbindlichkeiten a. LL 6.283,20
   Abschreibungen auf Anlagen 937,50 an Geschäftsausstattung 937,50
   Abschreibungen auf GWG der GA 156,00 an GWG der GA 156,00

26 Wird eine Anlage über mehrere Jahre genutzt, müssen die Anschaffungskosten auf diese Nutzungsjahre verteilt werden.
Die Verteilung hängt von der AfA-Methode ab:
  ▪ bei linearer AfA erfolgt die Verteilung gleichmäßig auf die Jahre der Nutzung,
  ▪ bei Leistungs-AfA wird der Werteverlust einer Anlage in den Nutzungsjahren entsprechend der Leistungsabgabe berücksichtigt.

27 Mit der AfA wird die geschätzte Wertminderung als Aufwand erfasst. Dieser Aufwand wird im Handel in die Preise der Waren einkalkuliert. Somit werden die Anschaffungskosten nach und nach über den Verkauf der Waren hereingeholt und refinanziert.

28 a) **Berechnung der Anschaffungskosten des Grundstücks:**
   Kaufpreis des Grundstücks 40.000,00 EUR
   Grunderwerbsteuer 1.400,00 EUR
   Notariatskosten (ohne USt) 1.200,00 EUR
   Anschaffungskosten 42.600,00 EUR

   Die absetzbare Vorsteuer zählt nicht zu den Anschaffungskosten.
   b) **Bewertung zum 31. Dezember:**
   Anschaffungskosten bilden, dem Grundsatz der Vorsicht folgend, die Wertobergrenze (Anschaffungskostenprinzip). Die Wertsteigerung darf nicht beachtet werden, solange sie nicht verwirklicht ist (Realisationsprinzip).

29 a) **Berechnung der Anschaffungskosten:**
   Kaufpreis des Grundstücks 180.000,00 EUR
   Grunderwerbsteuer 6.300,00 EUR
   Grundbucheintragung 1.200,00 EUR
   Notariatskosten (ohne USt) 3.200,00 EUR
   Anschaffungskosten 190.700,00 EUR

$$\text{Anschaffungskosten je m}^2 = \frac{190.700}{2.000} = 95,35 \text{ EUR}$$

b) **Bewertungen zum 31. Dezember:**
Das Grundstück darf höchstens zum Anschaffungswert bewertet werden (Anschaffungskosten = Wertobergrenze). Die Wertsteigerung (11,00 EUR je m²) bleibt unberücksichtigt, solange sie nicht realisiert ist (Realisationsprinzip).

30 a) **Bewertung zum 31. Dezember des Vorjahres:**
Unbebaute Grundstücke werden höchstens mit ihren Anschaffungskosten (188.000,00 EUR) bewertet. Ist jedoch am Bilanzstichtag **langfristig** von einem niedrigeren Wert auszugehen, so **muss** dieser in allen Unternehmungsformen angesetzt werden.
Bei **vorübergehender Wertminderung können** Einzelunternehmen und Personengesellschaften einen niedrigeren Wert zwischen AK und Tageswert ansetzen. Kapitalgesellschaften müssen den Anschaffungswert noch beibehalten.

b) **Bewertung zum 31. Dezember des lfd. Geschäftsjahres:**
1. **Einzelunternehmungen** und **Personengesellschaften** können den niedrigeren Wert beibehalten oder zu einem höheren Wert, höchstens jedoch bis zu den AK, zurückkehren.
2. **Kapitalgesellschaften** müssen zum Anschaffungswert zurückkehren (**Wertaufholungsgebot**).

31 a) **Berechnung der Anschaffungskosten**   **EUR**
AK für 1 Computer: 19.000 : 10   1.900,00
Nach § 255 HGB zählen zu den AK die Werte, die eine Unternehmung aufwenden muss, um ein Wirtschaftsgut zu beschaffen und ++ bei Anlagegütern ++ um es in einen betriebsbereiten Zustand zu versetzen. Rabatte und Skonti sind daher als **Anschaffungskostenminderungen** abzusetzen, Fracht und Transportversicherungen als **Anschaffungsnebenkosten** einzubeziehen.
Die **absetzbare Vorsteuer** ist kein Aufwand der Unternehmung.

b) **Berechnung der fortgeführten Anschaffungskosten:**

	je Stück	insgesamt
Anschaffungskosten	1.900,00 EUR	18.999,98 EUR
AfA nach dem 1. Jahr	475,00 EUR	4.750,00 EUR
Fortgeführte AK	1.425,00 EUR	14.249,98 EUR

c) Es ist nur noch ein Buchwert von 600,00 EUR anzusetzen (s. u.). Der Buchwert, berechnet von den ursprünglichen Anschaffungskosten, könnte nicht mehr realisiert werden.

	je Stück	
Buchwert nach dem 1. Jahr	1.425,00	
planmäßige AfA n. d. 2. Jahr	475,00	
Buchwert		950,00
Wiederbeschaffungskosten	1.200,00	
− AfA für 2 Nutzungsjahre	600,00	
Buchwert		600,00
Außerplanmäßige Afa		350,00

32 a) Bei der Bewertung des UV ist grundsätzlich das strenge Niederstwertprinzip zu beachten. Danach müssen die 70 Waschmaschinen, Marke „Öko", mit je 450,00 EUR bewertet werden.
Liegt der Wert zum Bilanzstichtag über den AK, so dürfen höchstens die AK angesetzt werden. 90 Waschmaschinen, Marke „Super-Spar", sind also mit 500,00 EUR zu bewerten.
Wertansatz im Inventar:
70 Waschmaschinen, Marke „Öko",   à 450,00 EUR = 31.500,00 EUR
90 Waschmaschinen, Marke „Super-Spar", à 500,00 EUR = 45.000,00 EUR

Wertansatz insgesamt   76.500,00 EUR

b) Mit dem Wertansatz der Waschmaschine Marke „Öko" zu 450,00 EUR je Stück und der Waschmaschine Marke „Super-Spar" zu 500,00 EUR je Stück, erscheint ein niedrigeres, aber realistisches Vermögen in der Bilanz. In der GuV-Rechnung wird ein Scheingewinn verhindert und damit eine zu hohe Versteuerung bzw. Ausschüttung (Liquiditätsverlust).

33 a) **Berechnung der Anschaffungskosten:**

		12 Tische		10 Schränke		10 Regale
Listenpreis		6.513,24 EUR		8.247,42 EUR		3.116,88 EUR
− Rabatt	6 %	390,79 EUR	5 %	412,37 EUR	12,5 %	389,61 EUR
Zieleinkaufspreis		6.122,45 EUR		7.835,05 EUR		2.727,27 EUR
− Skonto	2 %	122,45 EUR	3 %	235,05 EUR	1 %	27,27 EUR
Bareinkaufspreis		6.000,00 EUR		7.600,00 EUR		2.700,00 EUR
+ Fracht		240,00 EUR		400,00 EUR		300,00 EUR

	12 Tische	10 Schränke	10 Regale
Bezugspreis	6.240,00 EUR	8.000,00 EUR	3.000,00 EUR
Bezugspreis je Stück = Anschaffungskosten	520,00 EUR	800,00 EUR	300,00 EUR

b) **Bewertung zum Bilanzstichtag:**

	Tische	Schränke	Regale
AK je Stück Tageswert	520,00 EUR 430,00 EUR	800,00 EUR 850,00 EUR	300,00 EUR 180,00 EUR
Wertansatz je Stück	430,00 EUR	800,00 EUR	180,00 EUR
strenges Niederstwertprinzip			

34 a)

	1.	2.
AK Tageswert	120,00 EUR 150,00 EUR	120,00 EUR 102,00 EUR
Wertansatz	120,00 EUR	102,00 EUR

b) **Begründung des Wertansatzes:**
- ■ strenges Niederstwertprinzip
- ■ Höchstwert = Anschaffungskosten

35 Für die Bewertung der Schulden gilt das Höchstwertprinzip. Liegt danach der Kurs am Bilanzstichtag unter dem Anschaffungskurs, ist der Anschaffungskurs zugrunde zu legen. Ist der Kurs dagegen gestiegen, muss der höhere Tageskurs beachtet werden.
Danach ist folgendermaßen zu bewerten:

	a)	b)
Anschaffungskosten	122.950,82 EUR	122.950,82 EUR
Tageswert	128.205,13 EUR	120.000,00 EUR
Bilanzansatz	128.205,13 EUR	122.950,82 EUR

36 1. Fällt der Kurs für die Auslandswährung, dann vermindert sich die Schuld gegenüber dem Lieferer. In diesem Fall darf der mögliche Gewinn noch nicht berücksichtigt werden, weil er noch nicht realisiert wurde (vgl. § 252 Abs. 1 Zi. 4 HGB). Für die Bewertung sind also die AK (154.285,71 EUR) maßgebend.

2. Da der Devisenkurs am Bilanzstichtag unter dem Anschaffungskurs liegt, ist der niedrigere Tageskurs (Höchstwertprinzip) zugrunde zu legen. Dies entspricht dem Grundsatz des Gläubigerschutzes. Bis zum Bilanzstichtag erkennbare Risiken und Verluste werden bereits berücksichtigt. Die Verbindlichkeiten sind also mit 160.714,29 EUR anzusetzen.

37 a)

	Posten I:	Posten II:
Listenpreis	60.000,00 EUR	40.000,00 EUR
− Rabatt	6.000,00 EUR	5.000,00 EUR
Zieleinkaufspreis (Anschaffungspreis)	54.000,00 EUR	35.000,00 EUR
− Skonto	1.080,00 EUR	1.050,00 EUR
Bareinkaufspreis	52.920,00 EUR	33.950,00 EUR
+ Anschaffungsnebenkosten	1.200,00 EUR	400,00 EUR
= **Anschaffungskosten:**	54.120,00 EUR	34.350,00 EUR

b) Der Posten I ist gemäß § 253 Abs. 1 HGB mit den Anschaffungskosten zu bewerten, der Posten II gemäß § 253 Abs. 3 HGB mit dem niedrigeren Wert anzusetzen, also mit 33.000,00 EUR zu bewerten.

38

Listenpreis	72.000,00 EUR
− 15 % Rabatt	10.800,00 EUR
Zieleinkaufspreis (= Rechnungspreis)	61.200,00 EUR
− 3 % Skonto	1.836,00 EUR
Bareinkaufspreis	59.364,00 EUR
+ Fracht	542,00 EUR
+ Versicherung	489,60 EUR
Anschaffungswert	60.395,60 EUR

39 a)

Anschaffungspreis	68,00 EUR
− 12,5 % Rabatt	8,50 EUR
Zieleinkaufspreis	59,50 EUR
− 2 % Skonto	1,19 EUR
Bareinkaufspreis	58,31 EUR
Bezugskosten: $\dfrac{1380}{2000}$ =	0,69 EUR
Anschaffungskosten	59,00 EUR

b) 1. Ist der Tageswert auf 56,00 EUR gefallen, muss der niedrigere Wert, also 56,00 EUR, angesetzt werden (strenges Niederstwertprinzip).

2. Ist der Tageswert am Bilanzstichtag auf 62,00 EUR gestiegen, darf wegen des Realisationsprinzips nur höchstens der Anschaffungswert angesetzt werden.

40 a) In der Bilanz ist die Verbindlichkeit mit 457.500,00 EUR anzusetzen.

b)

Die erforderlichen Buchungen:	Soll		Haben	
	Konto	EUR	Konto	EUR
Wareneinkauf	301	431.034,48	171	431.034,48
Abschlussbuchungen: Abschluss Verbindlichkeiten	171	431.034,48	940	431.034,48

c) Gemäß § 244 HGB ist der Jahresabschluss in deutscher Sprache und in Euro aufzustellen. Grundsätzlich sind Verbindlichkeiten gemäß § 253 Abs. 1 mit ihrem Rückzahlungsbetrag anzusetzen. Nach § 252 Abs. 1 Ziff. 4 HGB ist vorsichtig zu bewerten, d. h., alle Risiken und Verluste, die bis zum Abschlussstichtag entstanden sind, müssen berücksichtigt werden; auch wenn diese erst zwischen dem Abschlussstichtag und dem Tag der Aufstellung des Jahresabschlusses bekannt geworden sind. Steigt also der Kurs für die Fremdwährung, dann muss der höhere Teilwert angesetzt werden. Das entspricht dem Grundsatz des Gläubigerschutzes.

d) Steigt der Kurs für die Auslandswährung, dann vergrößert sich effektiv die Schuld gegenüber dem Lieferer. In diesem Falle ist das erkennbare Risiko aus Vorsichtsgründen zu berücksichtigen, obwohl es noch nicht realisiert wurde (§ 252 Abs. 1 Ziff. 4 HGB). Die Verbindlichkeit ist mit 441.176,47 EUR zu bewerten.

41 a) 35,80 EUR
b) 80.000,00 EUR
c) 42.142,86 EUR
d) 30.000,00 EUR

42 a) 123.636,36 EUR
b) 160.000,00 EUR
c) 1. 172.000,00 EUR
2. 137 600,00 EUR
d) Warenposten I 2.500,00 EUR
Warenposten II 5.400,00 EUR

43 1. a) 60 Stück
b) 185 Stück
c) 5,15 EUR
d) 540 Stück
e) 2 781,00 EUR
f) 309,00 EUR
g) 9-mal
2. 300,00 EUR
3. 2,60 EUR

2.2 Periodengerechte Erfolgsermittlung

2.2.1 Posten der Rechnungsabgrenzung

Lehrbuch Seiten 271, 272

Handlungssituation
- Der Aufwand wurde nicht periodengerecht erfasst. 24.00,00 EUR der Versicherungsprämie sind Aufwand des folgenden Geschäftsjahres. Damit wurde der Aufwand des alten Jahres zu hoch ausgewiesen. Gewinn und gewinnabhängige Steuern (Körperschaftsteuer, Gewerbeertragsteuer) wurden zu niedrig bemessen.
- Die Korrektur des Aufwandes erfolgt durch die Umbuchung
  091 Aktive Rechnungsabgrenzung   2.400,00 an 426 Versicherungen   2.400,00

Lehrbuch Seite 275

1 a) Buchung bei Zahlung am 1. September:
    422   2.610,00 an 131   2.610,00
   b) Buchung der zeitlichen Abgrenzung zum 31. Dezember:
    091   1.740,00 an 422   1.740,00
   c) Buchung nach der Eröffnung der Bestandskonten im neuen Geschäftsjahr:
    422   1.740,00 an 091   1.740,00

2 a) Buchung bei Zahlung am 28. Oktober:
    411   5.400,00 an 131   5.400,00
   b) Buchung der zeitlichen Abgrenzung zum 31. Dezember:
    091   1.800,00 an 411   1.800,00
   c) Buchung nach der Eröffnung der Bestandskonten im neuen Geschäftsjahr:
    411   1.800,00 an 0911.800,00
   d) Der Erfolg des Geschäftsjahres vom 1. Januar bis zum 31. Dezember soll ermittelt werden. Würde die Abgrenzungsbuchung nicht durchgeführt, dann würden die Aufwendungen des Geschäftsjahres zu hoch ausgewiesen, weil sie bereits Aufwendungen des folgenden Geschäftsjahres (Miete für Januar) enthielten. Das Unternehmen würde im Falle eines Gewinns einen zu niedrigen Unternehmungsgewinn bzw. im Falle eines Verlustes einen zu hohen Unternehmungsverlust für das abgeschlossene Geschäftsjahr ausweisen. Um den Erfolg periodengerecht zu ermitteln, muss die Korrekturbuchung der Aufwendungen durchgeführt werden.
   e) Buchung mit sofortiger zeitlicher Abgrenzung:
    411   3.600,00
    091   1.800,00 an 131   5.400,00

3 a) Buchung am Tage der Ausgabe bzw. der Einnahme:
    1. 426   7.200,00 an 131   7.200,00
    2. 131   4.800,00 an 242   4.800,00
    3. 422   480,00 an 131   480,00
    4. 411   210,00 an 151   210,00
    5. 481   60,00
      141   4,20 an 132   64,20
   b) Buchung der zeitlichen Abgrenzung beim Jahresabschluss:
    1. 091   4.200,00 an 426   4.200,00
    2. 242   800,00 an 093   800,00
    3. 091   320,00 an 422   320,00
    4. 091   140,00 an 411   140,00
    5. 091   60,00 an 481   60,00

Saldenliste:

	Soll	Haben		Soll	Haben	
131	36.455,80		411	70,00		
151	2.250,00		481	–		
091	4.720,00		426	3.000,00		
093		800,00	422	160,00		
242		4.000,00				

4 1. a) 426   1.650,00 an 131   1.650,00
     b) 091   1.100,00 an 426   1.100,00
       930   550,00 an 426   550,00
       940   1.100,00 an 091   1.100,00
     c) 091   1.100,00 an 910   1.100,00
       426   1.100,00 an 091   1.100,00
    2. a) 131   80,00 an 242   80,00
     b) 242   80,00 an 093   80,00
     c) 910   80,00 an 093   80,00
       093   80,00 an 242   80,00

3. a) 411	4.800,00 an 131		4.800,00
b) 091	1.600,00 an 411		1.600,00
930	3.200,00 an 411		3.200,00
940	1.600,00 an 091		1.600,00
c) 091	1.600,00 an 910		1.600,00
411	1.600,00 an 091		1.600,00
4. a) 422	4.500,00 an 131		4.500,00
b) 091	1.500,00 an 422		1.500,00
930	3.000,00 an 422		3.000,00
940	1.500,00 an 091	1.500,00	
c) 091	1.500,00 an 910		1.500,00
422	1.500,00 an 091		1.500,00
5. a) 131	21.600,00 an 242		21.600,00
b) 242	7.200,00 an 093		7.200,00
093	14.400,00 an 930		14.400,00
093	7.200,00 an 940		7.200,00
c) 910	7.200,00 an 093		7.200,00
093	7.200,00 an 242		7.200,00

2.2.2 Sonstige Verbindlichkeiten und Sonstige Forderungen

Lehrbuch Seite 276

Handlungssituation

■ Da Aufwendungen und Erträge für die Zeiträume zu erfassen sind, in denen sie entstehen, muss der Aufwand des Abrechnungsjahres zum 31. Dezember erfasst werden, obwohl die Ausgaben oder Einnahmen erst im nächsten Rechnungsjahr erfolgen.

■ Der Unterschied zu den Posten der Rechnungsabgrenzung besteht in der nachträglichen Auswirkung auf die Liquidität.

Lehrbuch Seiten 278 bis 281

1 a) 113	160,00 an 261		160,00
940	160,00 an 113		160,00
261	160,00 an 930		160,00
b) 113	160,00 an 910		160,00
c) 131	480,00 an 113		160,00
	an 261		320,00
2 a) 411	850,00 an 194		850,00
194	850,00 an 940		850,00
930	850,00 an 411		850,00
b) 411	850,00		
194	850,00 an 131		1.700,00
3 1. a) 113	810,00 an 261		810,00
b) 131	1.620,00 an 113		810,00
	an 261		810,00
2. a) 411	2.500,00 an 194		2.500,00
b) 194	2.500,00		
411	2.500,00 an 131		5.000,00
3. a) 430	7.800,00 an 194		7.800,00
b) 194	7.800,00		
430	5.400,00		
141	2.508,00 an 131		15.708,00
4 a) 421	5.000,00 an 194		5.000,00
b) 194	5.000,00 an 131		5.000,00
5. a) 113	1.785,00 an 872		1.500,00
	an 181		285,00
b) 131	1.785,00 an 113		1.785,00
6. a) 450	1.800,00		
141	342,00 an 194		2.142,00
b) 194	2.142,00 an 131		2.142,00

4 a) **Buchung bei Zahlung am 1. Oktober:**

131 Bank	2.400,00 EUR an 261 Zinserträge	2.400,00 EUR

b) **Buchung der zeitlichen Abgrenzung zum 31. Dezember:**

261 Zinserträge	1.200,00 EUR an 093 PRA	1.200,00 EUR

c) **Buchung nach der Eröffnung der Bestandskonten im neuen Geschäftsjahr:**

093 PRA	1.200,00 EUR an 261 Zinserträge	1.200,00 EUR

d) Auswirkung der zeitlichen Abgrenzung auf den Unternehmungsgewinn:
Durch die zeitliche Abgrenzung wird ein bisher vorliegender positiver Unternehmungsgewinn vermindert und periodengerecht ausgewiesen.

5 a) Richtig: Das aktive Bestandskonto „091 ARA" speichert die im Voraus gezahlten Aufwendungen für folgende Geschäftsjahre. Es ist die Gegenposition zu der Eigenkapitalerhöhung durch die Minderung der Aufwandspositionen.

b) Richtig: Das Vermögen im Sinne der Aktiva der Bilanz wird erhöht und die bisher gebuchten Aufwendungen werden vermindert. Damit erhöht sich der bisher ausgewiesene Unternehmungsgewinn.

c) Richtig: Die passive Rechnungsabgrenzung speichert den an unser Unternehmen im Voraus gezahlten Betrag für nachfolgende Geschäftsjahre. Würde diese Buchung nicht erfolgen, dann würde der Unternehmungsgewinn im Geschäftsjahr bereits Erträge ausweisen, die einem anderen Geschäftsjahr zugeordnet werden müssten.

d) falsch Es handelt sich um Erträge, die im Voraus an das bilanzierende Unternehmen gezahlt wurden. In diesem Falle ist eine passive Rechnungsabgrenzung notwendig.

e) Richtig: Die Buchung „ARA an Aufwandskonten" korrigiert die Aufwandskonten um die darin enthaltenen Aufwendungen für folgende Geschäftsjahre.

6 a) Buchung am Tage der Ausgabe bzw. Einnahme:

1. 426	480,00	an 131	480,00
2. 131	2.400,00	an 242	2.400,00
3. 422	240,00	an 131	240,00
4. 411	270,00	an 151	270,00
5. 481	45,00		
141	3,15	an 131	48,15

b) Zeitliche Abgrenzung beim Jahresabschluss:

1. 091	280,00	an 426	280,00
2. 242	400,00	an 093	400,00
3. 091	160,00	an 422	160,00
4. 091	140,00	an 411	140,00
5. 091	60,00	an 481	60,00

c) Buchungen zum Kontenabschluss:

940	640,00	an 091	640,00
093	400,00	an 940	400,00

d) Eröffnung der Konten 091, 093:

091	640,00	an 910	640,00
910	400,00	an 093	400,00

e) 426	280,00		
422	160,00		
411	140,00		
481	60,00	an 091	640,00
093	400,00	an 242	400,00

Anmerkung zur Vorsteuer:
Wenn in einer Rechnung die Umsatzsteuer für einen künftigen Umsatz ausgewiesen wird, ist der Abzug der Vorsteuer erst in dem Voranmeldungszeitraum zulässig, in dem dieser Umsatz ausgeführt wurde. Diese noch nicht verrechenbare Vorsteuer wird daher auf dem Konto „113 Sonstige Forderungen" erfasst. Im Voranmeldungszeitraum, in dem der Umsatz getätigt wird, erfolgt dann die Umbuchung auf das Konto „141 Vorsteuer" – BS: 141 an 113 -. Wurde die Rechnung jedoch bereits im alten Geschäftsjahr beglichen, ist der Vorsteuerabzug im alten Geschäftsjahr zulässig (vgl. Fall Nr. 5)

7	1. 242	400,00	an 093	400,00
	2. 091	240,00	an 426	240,00
	3. 091	600,00	an 211	600,00
	4. 091 80,00		an 422	80,00

Saldenliste:	Soll	Haben
091	920,00	
093		400,00
242		4.800,00
426	2.160,00	
422	1.340,00	
211	600,00	

8 a) Um den Aufwand und Ertrag periodengerecht zu verteilen und dadurch eine auf die entsprechende Rechnungsperiode bezogene Erfolgsrechnung zu ermöglichen, ist es notwendig, Bilanzpositionen zur Rechnungsabgrenzung einzurichten. Dazu zählen die Positionen 091 Aktive Rechnungsabgrenzung, 093 Passive Rechnungsabgrenzung, 113 Sonstige Forderungen und 194 Sonstige Verbindlichkeiten. Rechnungsabgrenzungen sind immer dann erforderlich, wenn Aufwand und Ertrag einerseits und Zahlungsvorgänge andererseits in verschiedenen Rechnungsperioden (Geschäftsjahren) anfallen. Dabei sind vier Möglichkeiten denkbar:

    1. Im abzurechnenden Geschäftsjahr wurde eine Ausgabe für einen Aufwand vorgenommen, der einem späteren Geschäftsjahr wirtschaftlich zugerechnet werden muss. Durch eine Aktivierung

dieses Aufwandes unter der Bilanzposition Aktive Rechnungsabgrenzung wird erreicht, dass dieser Aufwand des späteren Geschäftsjahres die aufzustellende Gewinn- und Verlustrechnung des abzurechnenden Geschäftsjahres nicht berührt – vgl. § 250 Abs. 1 HGB.

2. Im abzurechnenden Geschäftsjahr wurde eine Einnahme für einen Ertrag erzielt, der einem späteren Geschäftsjahr wirtschaftlich zugerechnet werden muss. Durch eine Passivierung dieses Ertrages unter der Bilanzposition Passive Rechnungsabgrenzung wird erreicht, dass dieser Ertrag des späteren Geschäftsjahres die aufzustellende Gewinn- und Verlustrechnung des abzurechnenden Geschäftsjahres nicht berührt - vgl. § 250 Abs. 2 HGB.

Bei der Aktiven und Passiven Rechnungsabgrenzung, den so genannten transitorischen Posten, liegt also der Zahlungsvorgang vor dem Bilanzstichtag.

3. Im nachfolgenden Geschäftsjahr erfolgt eine Ausgabe für einen Aufwand, der dem abzurechnenden Geschäftsjahr wirtschaftlich zugerechnet werden muss. Der in dem späteren Geschäftsjahr vorzunehmende Zahlungsvorgang wird als Sonstige Verbindlichkeit passiviert, der Aufwand in dem abzurechnenden Geschäftsjahr erfasst. Der dem abzurechnenden Geschäftsjahr zuzurechnende Aufwand erscheint folglich in der Gewinn- und Verlustrechnung des abzurechnenden Geschäftsjahres.

4. Im nachfolgenden Geschäftsjahr erfolgt eine Ausgabe für einen Aufwand, der dem abzurechnenden Geschäftsjahr wirtschaftlich zugerechnet werden muss. Der in dem späteren Geschäftsjahr vorzunehmende Zahlungsvorgang wird als Sonstige Verbindlichkeit passiviert, der Aufwand in dem abzurechnenden Geschäftsjahr erfasst. Der dem abzurechnenden Geschäftsjahr zuzurechnende Aufwand erscheint folglich in der Gewinn- und Verlustrechnung des abzurechnenden Geschäftsjahres.

Bei den Sonstigen Verbindlichkeiten und den Sonstigen Forderungen, den so genannten antizipativen Posten, liegt also der Zahlungsvorgang nach dem Bilanzstichtag.

b) **Erklärung der Beanstandung durch die Steuerprüfung:**
Da 3.000,00 EUR Miete Aufwand des folgenden Geschäftsjahres sind, dürfen sie auch nicht die Erfolgsrechnung des abzurechnenden Geschäftsjahres belasten; denn sonst würde der in der Gewinn- und Verlustrechnung ausgewiesene Erfolg um 3.000,00 EUR zu niedrig dargestellt. Der § 250 Abs. 1 HGB und auch der § 5 Abs. 3 EStG verlangen daher den Ausweis des Aufwandes des folgenden Geschäftsjahres als Aktive Rechnungsabgrenzung.

9 a) **Falsch:** Durch die Buchung 211 1.600,00 EUR an 194 1.600,00 EUR werden die Zinsen für den Monat Dezember des Geschäftsjahres erfasst. Die Aufwendungen erhöhen sich also um 1.600,00 EUR.

b) **Richtig:** Beim Jahresabschluss war aufgrund der zeitlichen Abgrenzung eine Geldverbindlichkeit von 1.600,00 EUR zu erfassen.

c) **Falsch:** Das Unternehmungsergebnis würde 176.000,00 EUR – 1.600,00 EUR = 174.400,00 EUR betragen.

d) **Falsch:** Die Zinsen des folgenden Jahres, die im folgenden Jahr zu Ausgaben führen, sind ohne Bedeutung für die periodengerechte Erfolgsermittlung. Einfluss haben lediglich die Zinsen, die Aufwand des abzuschließenden Geschäftsjahres darstellen und erst im folgenden Jahr zu einer Ausgabe führen. Es handelt sich also um „Sonstige Verbindlichkeiten".

e) **Richtig:** Die Buchung 211 an 194 führt zu einer Verminderung des Unternehmungsgewinns und zu einer Erhöhung der Verbindlichkeiten.

10 1. zu b   2. zu a, f   3. zu c   4. zu d   5. zu a, e

2.2.3. Rückstellungen

Lehrbuch Seite 281

Handlungssituation

■ Würde der Tatbestand der Gewerbesteuernachzahlung nicht im Jahresabschluss berücksichtigt, würden Aufwand und Schulden zu niedrig ausgewiesen werden. Der Gewinn, der der Versteuerung und Ausschüttung unterliegt, würde zu hoch ausgewiesen (Scheingewinn). Die Verbindlichkeiten würden zu niedrig dargestellt. Zum Schutz außenstehender Dritter müssen daher der Aufwand und die dafür anzusetzende Verbindlichkeit geschätzt und gebucht werden.

■ Buchung: 421 Gewerbesteuer an 0722 Steuerrückstellungen

Lehrbuch Seite 284 bis 287

1 a)	31.12.	470	17.000,00 an 0724			17.000,00
b)	17.03.	0724	16.200,00			
		141	3.078,00 an 131			19.278,00
		0724	800,00 an 243			800,00
2 a)	31.12.	411	2.400,00 an 194			2.400,00
b)	05.01.	194	2.400,00			
		411	2.400,00 an 131			4.800,00

3 a) 31.12.   430   4.800,00 an 194   4.800,00

3 a) 31.12.	430	4.800,00 an 194		4.800,00
b) 23.01.	194	4.800,00		
	430	1.400,00		
	141	1.178,00 an 131		7.378,00
4 a) 31.12.	470	42.000,00 an 0724		42.000,00
b) Febr.	0724	42.000,00		
	141	8.189,00		
	203	1.100,00 an 131		51.289,00
5 a) 31.12.	484	16.000,00 an 0724		16.000,00
b) Juli	0724	16.000,00		
	203	600,00		
	141	2.280,00 an 131	18.880,00	
6 a) 31.12.	421	52.000,00 an 0722		52.000,00
b) 18.03.	0722	52.000,00		
	203	2.000,00 an 131		54.000,00

7 (1) 113 an 242   (3) 091 an 411
    (2) 411 an 194   (4) 242 an 093

8 a)	463	2.500,00 an 0724	2.500,00
b)	0724	2.500,00 an 940	2.500,00
c)	0724	2.500,00	
	203	300,00	
	141	532,00 an 101	3.332,00
9 1. a)	421	6.000,00 an 0722	6.000,00
b)	0722	6.000,00	
	203	1.500,00 an 131	7.500,00
2. a)	404	5.000,00 an 0724	5.000,00
b)	0724	5.000,00 an 131	4.500,00
		an 243	500,00
3. a)	484	15.000,00 an 0724	15.000,00
b)	0724	15.000,00 an 131	13.000,00
		an 243	2.000,00
4. a)	463	3.000,00 an 0724	3.000,00
b)	0724	3.000,00 an 243	3.000,00
10 1. a)	421	10.000,00 an 0722	10.000,00
b)	0732	10.000,00 an 131	9.000,00
		an 243	1.000,00
2. a)	404	3.500,00 an 0724	3.500,00
b)	0724	3.500,00	
	203	1.000,00 an 131	4.500,00
3. a)	484	12.000,00 an 0724	12.000,00
b)	0724	12.000,00	
	203	1.000,00 an 131	13.000,00
4. a)	463	5.000,00 an 0722	5.000,00
b)	0722	3.200,00	
	141	608,00 an 131	3.808,00
	0722	1.800,00 an 243	1.800,00

11 1. 091 an 211 → a)   4. 091 an 422 → a)   7. 430 an 194 → b)
      2. 242 an 093 → b)   5. 171 an 131 → c)   8. 113 an 261 → a)
      3. 242 an 093 → b)   6. 470 an 0724 → b)   9. 181 an 131 → c)
                                            10. 421 an 072 → b)

3 Vermögens-, Kapital- und Erfolgsstruktur mithilfe von Kennziffern beurteilen

3.1 Die Bilanz statistisch aufbereiten und mithilfe von Kennzahlen zum Vermögensaufbau, zur Finanzierung, Investition und Liquidität auswerten

Lehrbuch Seiten 287, 288

Handlungssituation
- Die Bilanz erteilt Auskunft über die Finanz- und Vermögenslage.
  Aus der **Passivseite** ist erkennbar, woher das Kapital der Unternehmung kommt und wie lange es zur Verfügung steht. Daraus sind ableitbar
  - Verschuldung
  - Tilgungs- und Zinsendienst und daraus resultierende künftige Liquiditätsbelastungen
  Aus der **Aktivseite** ist die Vermögenslage zu erkennen, nämlich
  - das Anlagevermögen als Grundlage der Betriebsbereitschaft
  - das Umlaufvermögen als Gewinnträger und Quelle liquider Mittel
  - die liquiden Mittel zur Abschätzung der momentanen Zahlungsfähigkeit
- Durch den Vergleich der beiden letzten Bilanzen kann er Entwicklungstendenzen erkennen.
- Bewilligung möglich; individuelle Begründung

Lehrbuch Seiten 301 bis 305

1

Aktiva	Geschäftsjahr 1		Geschäftsjahr 2		Veränderung		Passiva	Geschäftsjahr 1		Geschäftsjahr 2		Veränderung	
	EUR	%	EUR	%	EUR	%		EUR	%	EUR	%	EUR	%
Vermögensstruktur I. Anlagevermögen 1. Sachanlagen 2. Finanzanlagen	150 000,00	25,00	245 000,00	35,00	95 000,00	63,33	Kapitalstruktur I. Eigenkapital II. Langfr. Schulden	270 000,00 160 000,00	45,00 26,67	350 000,00 160 000,00	50,00 22,86	80 000,00 0,00	29,63 0,00
Summe Anlagevermögen	150 000,00	25,00	245 000,00	35,00	95 000,00	63,33	Summe langfr. Kap.	430 000,00	71,67	510 000,00	72,86	80 000,00	18,60
II. Umlaufvermögen 1. Warenbestand 2. Kurzfr. Forderungen 3. Liquide Mittel	209 700,00 140 600,00 99 700,00	34,95 23,43 16,62	280 300,00 96 100,00 78 600,00	40,04 13,73 11,23	70 600,00 − 44 500,00 − 21 100,00	33,67 − 31,65 − 21,16	III. Mittelfr. Schulden IV. Kurzfr. Schulden	170 000,00	28,33	190 000,00	27,14	20 000,00	11,76
Summe Umlaufvermögen	450 000,00	75,00	455 000,00	65,00	5 000,00	1,11	Summe Schulden	330 000,00	55,00	350 000,00	50,00	20 000,00	6,06
Summe Vermögen	600 000,00	100,00	700 000,00	100,00	100 000,00	16,67	Summe Kapital	600 000,00	100,00	700 000,00	100,00	100 000,00	16,67

a) Kennziffern zum Vermögensaufbau

Anlagevermögensintensität $\frac{\text{Anlagevermögen} \cdot 100}{\text{Gesamtvermögen}}$	1. Geschäftsjahr: $\frac{150\,000 \cdot 100}{600\,000}$	25,00 %	Umlaufvermögensintensität $\frac{\text{Umlaufvermögen} \cdot 100}{\text{Gesamtvermögen}}$	1. Geschäftsjahr: $\frac{450\,000 \cdot 100}{600\,000}$	75,00 %
Anlagevermögensintensität $\frac{\text{Anlagevermögen} \cdot 100}{\text{Gesamtvermögen}}$	2. Geschäftsjahr: $\frac{245\,000 \cdot 100}{700\,000}$	35,00 %	Umlaufvermögensintensität $\frac{\text{Umlaufvermögen} \cdot 100}{\text{Gesamtvermögen}}$	2. Geschäftsjahr: $\frac{455\,000 \cdot 100}{700\,000}$	65,00 %

b) Kennziffern zur Finanzierung

Eigenkapitalintensität $\frac{\text{Eigenkapital} \cdot 100}{\text{Gesamtkapital}}$	1. Geschäftsjahr: $\frac{270\,000 \cdot 100}{600\,000}$	45 %	Finanzierung $\frac{\text{Eigenkapital} \cdot 100}{\text{Fremdkapital}}$	1. Geschäftsjahr: $\frac{270\,000 \cdot 100}{330\,000}$	81,82 %
Eigenkapitalintensität $\frac{\text{Eigenkapital} \cdot 100}{\text{Gesamtkapital}}$	2. Geschäftsjahr: $\frac{350\,000 \cdot 100}{700\,000}$	50 %	Finanzierung $\frac{\text{Eigenkapital} \cdot 100}{\text{Fremdkapital}}$	2. Geschäftsjahr: $\frac{350\,000 \cdot 100}{350\,000}$	100 %
Fremdkapitalintensität $\frac{\text{Fremdkapital} \cdot 100}{\text{Gesamtkapital}}$	1. Geschäftsjahr: $\frac{330\,000 \cdot 100}{600\,000}$	55 %	Verschuldungskoeffizient $\frac{\text{Fremdkapital} \cdot 100}{\text{Eigenkapital}}$	1. Geschäftsjahr: $\frac{330\,000 \cdot 100}{270\,000}$	122,22 %
Fremdkapitalintensität $\frac{\text{Fremdkapital} \cdot 100}{\text{Gesamtkapital}}$	2. Geschäftsjahr: $\frac{350\,000 \cdot 100}{700\,000}$	50 %	Verschuldungskoeffizient $\frac{\text{Fremdkapital} \cdot 100}{\text{Eigenkapital}}$	2. Geschäftsjahr: $\frac{350\,000 \cdot 100}{350\,000}$	100 %

c) Kennziffern zur Anlagendeckung

Anlagendeckung I $\frac{\text{Eigenkapital} \cdot 100}{\text{Anlagevermögen}}$	1. Geschäftsjahr: $\frac{270\,000 \cdot 100}{150\,000}$	180,00 %	Anlagendeckung II $\frac{(\text{EK} + \text{langfr. Schulden}) \cdot 100}{\text{Anlagevermögen}}$	1. Geschäftsjahr: $\frac{430\,000 \cdot 100}{150\,000}$	286,67 %
Anlagendeckung I $\frac{\text{Eigenkapital} \cdot 100}{\text{Anlagevermögen}}$	2. Geschäftsjahr: $\frac{350\,000 \cdot 100}{245\,000}$	142,86 %	Anlagendeckung II $\frac{(\text{EK} + \text{langfr. Schulden}) \cdot 100}{\text{Anlagevermögen}}$	2. Geschäftsjahr: $\frac{510\,000 \cdot 100}{245\,000}$	208,16 %

d) Kennziffern zur Liquidität

Liquidität 1. Grades $\frac{\text{flüssige Mittel} \cdot 100}{\text{kurzfr. Verblkt.}}$	1. Geschäftsjahr: $\frac{99\,700 \cdot 100}{170\,000}$	58,65 %	Liquidität 2. Grades $\frac{(\text{liqu. Mittel} + \text{kurzfr. Ford.}) \cdot 100}{\text{kurzfr. Verblkt.}}$	1. Geschäftsjahr: $\frac{240\,300 \cdot 100}{170\,000}$	141,35 %
Liquidität 1. Grades $\frac{\text{flüssige Mittel} \cdot 100}{\text{kurzfr. Verblkt.}}$	2. Geschäftsjahr: $\frac{78\,600 \cdot 100}{190\,000}$	41,37 %	Liquidität 2. Grades $\frac{(\text{liqu. Mittel} + \text{kurzfr. Ford.}) \cdot 100}{\text{kurzfr. Verblkt.}}$	2. Geschäftsjahr: $\frac{174\,700 \cdot 100}{190\,000}$	91,95 %

Bericht zur Bilanz

Das Unternehmen zeigt ein großes Umlaufvermögen (75 bzw. 65 % Umlaufvermögensintensität). Eine große Umlaufvermögensintensität ist in der Regel nicht typisch für Industriebetriebe. Beim Vergleich des 1. und 2. Geschäftsjahres wird erkennbar, dass die Umlaufvermögensintensität trotz der Steigerung des Umlaufvermögens um etwa 1 % insgesamt von 75 auf 65 % gefallen ist. Das Unternehmen hat also stärker im Sachanlagenbereich (Fahrzeuge) investiert.

Erfreulich ist die feststellbare Steigerung der Eigenkapitalintensität von 45 auf 50 % aufgrund einer Eigenkapitalsteigerung von etwa 30 %. Entsprechend ist die Fremdkapitalintensität trotz eines um etwa 6 % gestiegenen Fremdkapitaleinsatzes von 55 auf 50 % gefallen. Das erhöht die Sicherheit und Unabhängigkeit des Unternehmens. Der Verschuldungskoeffizient hat sich von 122 % auf 100 % verbessert und entspricht damit der Idealkennziffer, d. h., die Gläubiger sind gut abgesichert durch Vermögensteile, die mit Fremdkapital und Eigenkapital beschafft wurden. Das fördert die weitere Kreditwürdigkeit des Unternehmens. Die Intensität der kurzfristigen Schulden hat sich trotz eines Anstiegs der kurzfristigen Schulden um etwa 12 % von etwa 28 % auf 27 % verringert.

Die Anlagendeckung I (180 % bzw. etwa 143 %) kann als sehr gut bezeichnet werden, sodass die Berechnung der Anlagendeckung II nicht durchgeführt werden müsste. Hier wirkt sich das unverhältnismäßig geringe Anlagevermögen günstig in der Kennziffer aus. Die Anlagendeckung sagt aus, dass dieser Betrieb bei seinen Investitionen den Grundsatz beachten konnte, langfristige Investitionen mit langfristigem Kapital zu finanzieren.

Die Liquidität 1. Grades reicht nicht aus, um die kurzfristigen Verbindlichkeiten zum Stichtag in bar einzulösen. Eine solche Liquidität von 100 % wäre auch wirtschaftlich unsinnig. Die hier berechnete Liquidität kann noch als Überliquidität bezeichnet werden (z. B. chem. Industrie etwa 15 %). In den flüssigen Mitteln können Kapitalien gebunden sein, die möglicherweise keine Verzinsung erbringen. Die Liquidität muss ausreichen, um die täglich anfallenden Ausgabenströme abzudecken und eine Zahlungsunfähigkeit zu vermeiden.

2 a)

Aktiva	TEUR	%	Passiva	TEUR	%
Vermögensstruktur I. Anlagevermögen			Kapitalstruktur I. Eigenkapital	2 200	55,00
1. Sachanlagen	2 000	50,00	II. Langfristige		
2. Finanzanlagen	0	0,00	Schulden	600	15,00
Summe Anlagevermögen	2 000	50,00	Summe langfristiges Kapital	2 800	70,00
II. Umlaufvermögen 1. Warenbestand	930	23,25	III. Mittelfristige Schulden IV. Kurzfristige		
2. Kurzfristige Forderungen	945	23,63	Schulden	1 200	30,00
2. Liquide Mittel	125	3,13			
Summe Umlaufvermögen	2 000	50,00	Summe Schulden	1 800	45,00
Summe Vermögen	4 000	100,00	Summe Kapital	4 000	100,00

b) **Bilanzkennzahlen**

Anlagevermögensintensität: $\dfrac{\text{Anlagevermögen} \cdot 100}{\text{Gesamtvermögen}}$	50 %	Anlagendeckung I: $\dfrac{\text{Eigenkapital} \cdot 100}{\text{Anlagevermögen}}$	110 %
Umlaufvermögensintensität: $\dfrac{\text{Umlaufvermögen} \cdot 100}{\text{Gesamtvermögen}}$	50 %	Anlagendeckung II: $\dfrac{(\text{EK} + \text{langfr. FK}) \cdot 100}{\text{Anlagevermögen}}$	140 %
Eigenkapitalintensität: $\dfrac{\text{Eigenkapital} \cdot 100}{\text{Gesamtkapital}}$	55 %	Liquidität 1. Grades: $\dfrac{\text{Liquide Mittel} \cdot 100}{\text{kurzfr. Schulden}}$	10,42 %
Fremdkapitalintensität: $\dfrac{\text{Fremdkapital} \cdot 100}{\text{Gesamtkapital}}$	45 %	Liquidität 2. Grades: $\dfrac{(\text{LM} + \text{kurzfr. Ford.}) \cdot 100}{\text{kurzfr. Schulden}}$	89,17 %
Finanzierung: $\dfrac{\text{Eigenkapital} \cdot 100}{\text{Fremdkapital}}$	122,22 %		

3 a) Typische Funktion des Handelsbetriebes ist die **Lager- und Kreditfunktion**:
  • Die Positionen Waren und Forderungen a. LL nehmen daher eine bedeutende Stellung ein.
 b) Aus dem Vermögensaufbau kann auf die Art des Betriebes geschlossen werden: Ein großes Anlagevermögen ist in Betrieben der Grundstoffindustrie, in Verkehrsbetrieben, aber auch grundsätzlich in weiterverarbeitenden Industriebetrieben üblich. Das Umlaufvermögen überwiegt meist in Handelsbetrieben.

4 a) Die Eigenkapitalintensität beträgt 61,8 % (Vorjahr 63,0 %), die Fremdkapitalintensität 38,2 % (Vorjahr 37,0 %). Sie hat sich damit etwas verschlechtert. Sie kann aber noch als günstig bezeichnet werden, weil das Fremdkapital mehr als eineinhalbfach durch Vermögensteile gesichert ist. Eine Sicherungsfunktion üben die mit Fremdkapital beschafften Wirtschaftsgüter und als zusätzliche Sicherung die mit Eigenkapital beschafften Güter aus. Die Kennziffer der Finanzierung, die sich von 170,4 % auf 162,1 % verringerte, verdeutlicht diese Deckung des Fremdkapitals. Bei einer Liquidation der mit Fremdkapital beschafften Wirtschaftsgüter zwecks Rückzahlung des Fremdkapitals könnte also im Falle von Mindererlösen auf die mit Eigenkapital beschafften Wirtschaftsgüter zurückgegriffen werden.
 b) ■ **Tilgung von Schulden:** Voraussetzung ist allerdings, dass der Betrieb über dazu verwendbare flüssige Mittel verfügt oder durch Umfinanzierung beispielsweise Bestände an Erzeugnissen oder Forderungen verflüssigen kann.
  ■ **Zuführung von Eigenkapital:**
   – **Einzelunternehmer:** Einlagen aus dem Privatvermögen
   – **Personengesellschaft:** Aufnahme neuer Gesellschafter
   – **Einbehaltung von Gewinnen**
 c) ■ Verluste wegen Umsatzrückgang und/oder Kostensteigerungen
  ■ Privatentnahmen mindern das Eigenkapital
  ■ Aufnahme von Fremdkapital zur Finanzierung von großen Investitionen
 d) Das ist eine durchaus realistische Finanzierungskennziffer. Eine Finanzierung von 75 % sagt aus, dass 100 Teilen Fremdkapital 75 Teile Eigenkapital gegenüberstehen. Der Gläubiger ist also durch dieses im Notfalle angreifbare Eigenkapitalpolster noch recht gut gesichert. Die Unternehmung ist noch kreditwürdig.
 e) Der Vermögensaufbau wird auch in der Relation Anlagevermögen zum Umlaufvermögen ausgedrückt. In diesem Falle ist das Umlaufvermögen absolut und relativ etwas stärker als das Umlaufvermögen gestiegen. Die Steigerung des AV kann das Sach- oder Finanzanlagevermögen betreffen. Große Nettoinvestitionen im Rahmen der Betriebsmittel (Immobilien, Maschinen, Fahrzeuge) oder die Gewährung langfristiger Kundendarlehen könnte die Entwicklung verursacht haben. Der Erwerb von Betriebsmitteln könnte eine Maßnahme sein, die Anlagen zur Gewährleistung der vorhandenen Kapazität zu modernisieren oder die Voraussetzungen für eine Erweiterung der Kapazität zu schaffen.

5 a) Diese Entscheidung widerspricht der goldenen Finanzierungsregel, wonach eine Übereinstimmung bestehen sollte zwischen der Bindung des investierten Kapitals im Vermögensgegenstand und der Dauer, für die das Kapital dem Unternehmer zur Verfügung gestellt wurde. Diese Regel soll gewährleisten, dass die Unternehmung ihren Rückzahlungsverpflichtungen nachkommen kann. Die betriebsgewöhnliche Nutzungsdauer eines Lkw beträgt acht bis zehn Jahre, sodass erst nach Ablauf dieser Zeit über den Umsatzprozess das in den Lkw investierte Kapital voll freigesetzt wurde. Die Rückzahlung des Wechselkredits soll jedoch bereits nach drei Monaten erfolgen.
 b) Die Umwandlung der Einzelunternehmung in eine Personengesellschaft kann zur Zuführung von Eigenkapital durch Gesellschafter geführt haben. Dadurch ändert sich die Höhe des langfristig dem Unternehmer zur Verfügung stehenden Kapitals, sodass unter sonst weitgehend gleichen Bedingungen der Deckungsgrad des Anlagevermögens durch langfristiges Kapital sich von 75 % auf 110 % verbesserte.

6 a) Die Bilanz zeigt die Liquidität eines Unternehmens am Bilanzstichtag. Zahlungen nach dem Bilanzstichtag können das Bild schnell und wesentlich verändern.

b) Fälligkeitsdaten der Schulden, Alter der Anlagegüter, Höhe der Löhne, Höhe des Umsatzes usw.
c) Eintreibung der Forderungen (Zahlungsanreiz durch Skonto), Steigerung des Umsatzes
d) 1. – Kunden bezahlten fällige Forderungen
    – Verkauf eines Anlagegutes
    – Aufnahme eines langfristigen Darlehens, das auf dem Bankkonto bereitgestellt wird
  2. – Ausgleich einer Liefererrechnung
    – Kauf eines Anlagegutes gegen Bankscheck
    – Gehaltszahlung

7 a)

Sachanlagen	Grundstück, Gebäude, Maschinen, Fuhrpark, Betriebs- und Geschäftsausstattung
Finanzanlagen	Darlehensforderung
Warenbestand	Waren
Forderungen	Forderungen aus Lieferungen und Leistungen, Sonstige Forderungen, Aktive Posten der Rechnungsabgrenzung
Liquide Mittel	Schecks, Kassenbestand, Bundesbank-, Bankguthaben, Guthaben bei Kreditinstituten
Eigenkapital	Eigenkapital
Langfristiges Fremdkapital	Pensionsrückstellungen, Verbindlichkeiten mit einer Restlaufzeit von mehr als fünf Jahren
Kurzfristiges Fremdkapital	Verbindlichkeiten a.LL, Sonstige Verbindlichkeiten mit einer Restlaufzeit bis zu einem Jahr, Wechselverbindlichkeiten, Passive Posten der Rechnungsabgrenzung

b)

Intensitätskennziffern	Vorjahr		Berichtsjahr	
	Mio. EUR	%	Mio. EUR	%
Sachanlagen	600	50	700	50
Finanzanlagen	120	10	70	5
Anlagevermögen	720	60	770	55
Warenbestand	220	18,3	315	22,5
Forderungen	140	11,7	210	15
Liquide Mittel	120	10	105	7,5
Umlaufvermögen	480	40	630	45
Vermögen	1 200	100	1 400	100
Eigenkapital	600	50	600	42,9
Langfristiges Fremdkapital	375	31,2	520	37,1
Kurzfristiges Fremdkapital	225	18,8	280	20
Fremdkapital	600	50	800	57,1
Kapital	1 200	100	1 400	100

c)

Positionen	Veränderungen in %-Punkte im Vergleich zum Vorjahr	Veränderungen in % zur Position des Vorjahres	Mögliche Ursachen	Mögliche Folgen
Sachanlagen	–	+ 16,7	Erweiterung der Kapazität, Kauf von Reservegrundstücken, Änderung der Absatz- und Verwaltungsorganisation	langfristige Bindung von Kapital, Erhöhung des Anlagerisikos, Folgekosten sind Reparaturen und Abschreibungen
Finanz-anlagen	– 5	– 41,7	Tilgung von Darlehensforderungen durch Schuldner	Liquide Mittel
Waren-bestand	+ 4,2	+ 43,2	Preissteigerungen, Umsatzsteigerung	Kostensteigerungen, Zunahme des Lagerrisikos
Forderungen	+ 3,3	+ 50	Änderung der Zahlungsbedingungen (Verlängerung des Zahlungsziels), Finanzierungshilfen	Erhöhung des Ausfallrisikos
Liquide Mittel	– 2,5	– 12,5	Finanzierung von Anlagen, Vorräten und Forderungen	Verschlechterung der Zahlungsbereitschaft
Langfrist. Fremdkapital	+ 4,9	+ 38,7	Finanzierung von Anlagen und Waren	Zins-, Tilgungszahlungen, Verschlechterung der Kreditwürdigkeit, Liquidität usw.
Kurzfristiges Fremdkapital	+ 1,2	+ 24,4	Finanzierung von Waren, Forderungen	Zins-, Tilgungszahlungen, Verschlechterung der Kreditwürdigkeit, Liquidität usw.

d)

	Vorjahr	Berichtsjahr
Verschuldungskoeffizient	$\frac{600 \cdot 100}{600} = 100\,\%$	$\frac{800 \cdot 100}{600} = 133,3\,\%$
Anlagendeckung I	$\frac{600 \cdot 100}{720} = 83,3\,\%$	$\frac{600 \cdot 100}{770} = 77,9\,\%$
Anlagendeckung II	$\frac{975 \cdot 100}{720} = 135,4\,\%$	$\frac{1\,120 \cdot 100}{770} = 145,5\,\%$
Liquidität 1. Grades	$\frac{120 \cdot 100}{225} = 53,3\,\%$	$\frac{105 \cdot 100}{280} = 37,5\,\%$
Liquidität 2. Grades	$\frac{260 \cdot 100}{225} = 115,6\,\%$	$\frac{315 \cdot 100}{280} = 112,5\,\%$

8 a) Anteil des AV am Gesamtvermögen $= \dfrac{140.000 \cdot 100}{50.000} = 56\,\%$

b) Anteil des EK am Gesamtkapital $= \dfrac{12.000 \cdot 100}{250.000} = 48\,\%$

c) Anlagendeckung I $= \dfrac{120.000 \cdot 100}{40.000} = 85,71\,\%$

9 a) Anlagenvermögen   1.430 TEUR   e) Aufwand   25.400 TEUR
b) Umlaufvermögen   1.070 TEUR   f) Ertrag   2.600 TEUR
c) Eigenkapital   1.150 TEUR   g) Gewinn   600 TEUR
d) Schulden   1.350 TEUR

10 a)–c)

Aktiva	Bilanz				Passiva	
	EUR	%			EUR	%
Gebäude	720 000,00	30,00 %	Eigenkapital		960 000,00	40,00 %
Geschäftsausstattung	264 000,00	11,00 %	Eigenkapital		960 000,00	40,00 %
Fuhrpark	96 000,00	4,00 %	Darlehensschulden		784 800,00	32,70 %
Anlagevermögen	1 080 000,00	45,00 %	Verbindlichkeiten a. LL		588 000,00	24,50 %
Stoffebestände	888 000,00	37,00 %	Umsatzsteuer		55 200,00	2,30 %
Forderungen a. LL	120 000,00	5,00 %	Verb. gegenüber FA			
Bank	308 400,00	12,85 %	und Soz. Vers.		12 000,00	0,50 %
Kasse	3 600,00	0,15 %				
Umlaufvermögen	1 320 000,00	55,00 %	Schulden		1 440 000,00	60,00 %
Gesamtvermögen	2 400 000,00	100,00 %	Gesamtkapital		2 400 000,00	100,00 %

11 a)–b)

	1	2	3	4
Verbrauchsindex	100	102	104	125
Preisindex	100	106	108	139

12

	a)			b)	
	1. Anteil am Gesamt- umsatz	2. Anteil der Beschäft. am Personal- bestand	3. Anteil der Selbstk. an den Gesamt- kosten	1. Umsatz je Beschäf- tigten in EUR	2. Umsatz je 100,00 EUR Einsatz (Kosten)
Herrenbekleidung	44,44 %	34,78 %	44,52 %	694 375,00	104,49
Damenoberbekleidung	25,00 %	21,74 %	24,29 %	625 000,00	107,76
Sonstige Textilien	30,56 %	43,48 %	31,19 %	382 000,00	102,56
Gesamtunternehmen				543 478,26	104,68

c) **Prozentualer Anteil der Umsätze am Gesamtumsatz**

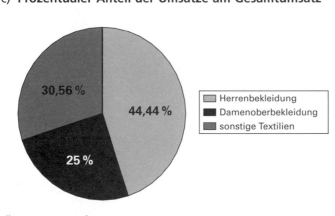

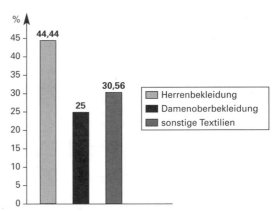

d) **Umsatz und Kosten**

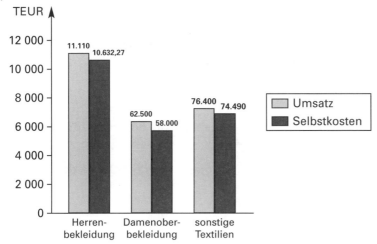

13 a) Gesamtumsatz: 10.710 TEUR
   Durchschnittsumsatz: 10.710 : 6 = 1.785 TEUR

   b) Januar: 15,87 %   April: 19,05 %
      Februar: 12,70 %   Mai: 20,63 %
      März: 19,84 %   Juni: 11,90 %

   c) **Entwicklung der Monatsumsätze in TEUR**

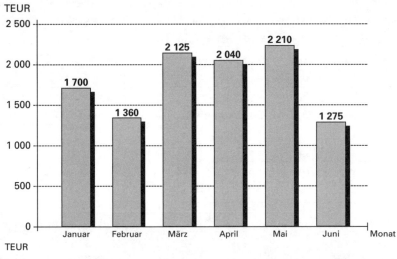

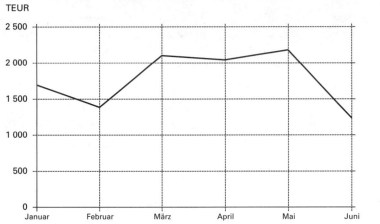

14 a) Anlagevermögen: 80.000 · 0,72   57.600 TEUR
   b) Fremdkapital: 80.000 · 0,62   49.600 TEUR
   c) Eigenkapital: 80.000 · 0,38   30.400 TEUR

   d) Anlagendeckung I: $\dfrac{c \cdot 100}{a} =$ 52,8 %

   e) Anlagendeckung II: $\dfrac{(c + 80.000 \cdot 0,06) \cdot 100}{a} =$ 136,1 %

   f) Barliquidität: $\dfrac{80.000 \cdot 0,04 \cdot 100}{80.000 \cdot 0,16} =$ 25 %

   g) Liquidität 2. Grades: $\dfrac{(80.000 \cdot 0,04 + 80.000 \cdot 0,16) \cdot 100}{80.000 \cdot 0,16} =$ 125 %

3.2 Die Gewinn- und Verlustrechnung statistisch aufbereiten und mithilfe von Kennzahlen zur Ertragslage auswerten

Lehrbuch Seiten 305, 306

Handlungssituation

■ Aus der Bilanz konnte der Kreditsachbearbeiter den Erfolg entnehmen, im Beispiel S. 288 den Gewinn von 109.639,50 EUR. Aus der GuV-Rechnung S. 306 sind zusätzlich die Quellen des Erfolges und deren Entwicklung im Vergleich zum Vorjahr erkennbar.

■ Informationen über den Erfolg sind sicherlich sehr wichtig, ist dieser doch die Quelle der Mittel, die zur Tilgung von Krediten und Zinszahlung eingesetzt werden.

Lehrbuch Seiten 312 bis 315

1 a) Gewinn- und Verlustrechnung

```
S            9300 Betrieb I          H    S            9300 Betrieb II         H

2100      12.000,00   2600   111.000,00    2100     115.000,00   2600    20.000,00
2200      15.000,00   8010 12.825.000,00   2200       5.000,00   8010 11.192.500,00
3010   4.439.600,00                         3010   3.464.500,00
4010   2.822.400,00                         4010   1.845.000,00
4020   1.176.000,00                         4020     723.125,00
4040   1.411.200,00                         4040     844.375,00
4200     325.800,00                         4200     359.500,00
4300     146.800,00                         4300     135.500,00
4400     470.400,00                         4400     927.000,00
4700     352.800,00                         4700     300.000,00
4910     588.000,00                         4910     975.000,00
0600   1.176.000,00                         0600   1.518.500,00
      12.936.000,00        12.936.000,00           11.212.500,00        11.212.500,00
```

Gewinn- und Verlustrechnung	Betrieb I	Betrieb II
Umsatzerlöse	12.825.000,00 EUR	11.192.500,00 EUR
Gesamtleistung:	12.825.000,00 EUR	11.192.500,00 EUR
− Aufwendungen für Waren/Wareneinsatz	4.439.600,00 EUR	3.464.500,00 EUR
− Energie/Betriebsstoffe	499.600,00 EUR	435.500,00 EUR
Rohergebnis:	7.885.800,00 EUR	7.292.500,00 EUR
Personalaufwand:		
− Löhne und Gehälter	3.998.400,00 EUR	2.568.125,00 EUR
− Soziale Abgaben	1.411.200,00 EUR	844.375,00 EUR
− Abschreibungen	588.000,00 EUR	975.000,00 EUR
− Sonstige betriebliche Aufwendungen	796.200,00 EUR	1.286.500,00 EUR
	1.092.000,00 EUR	1.618.500,00 EUR
+ Zinsen und ähnliche Erträge	111.000,00 EUR	20.000,00 EUR
− Zinsen und ähnliche Aufwendungen	12.000,00 EUR	115.000,00 EUR
Finanzergebnis:	99.000,00 EUR	− 5.000,00 EUR
Ergebnis der gewöhnlichen Geschäftstätigkeit:	1.191.000,00 EUR	1.523.500,00 EUR
− Steuern vom Einkommen und vom Ertrag	15.000,00 EUR	5.000,00 EUR
Jahresergebnis: Jahresüberschuss	1.176.000,00 EUR	1.518.500,00 EUR

b)

Vergleichszahlen	Betrieb I	Betrieb II
Wareneinsatzintensität	$\dfrac{4\,439\,600 \cdot 100}{11\,760\,000} = 37{,}75\,\%$	$\dfrac{3\,464\,500 \cdot 100}{9\,694\,000} = 35{,}74\,\%$
Personalaufwandsintensität	$\dfrac{5\,409\,600 \cdot 100}{11\,760\,000} = 46{,}00\,\%$	$\dfrac{3\,412\,500 \cdot 100}{9\,694\,000} = 35{,}20\,\%$
Abschreibungsintensität	$\dfrac{588\,000 \cdot 100}{11\,760\,000} = 5{,}00\,\%$	$\dfrac{975\,000 \cdot 100}{9\,694\,000} = 10{,}06\,\%$
Anteil des Wareneinsatzes am Umsatz	$\dfrac{4\,439\,600 \cdot 100}{12\,825\,000} = 34{,}62\,\%$	$\dfrac{3\,464\,500 \cdot 100}{11\,192\,500} = 30{,}95\,\%$
Anteil der Personalaufwendungen am Umsatz	$\dfrac{5\,409\,600 \cdot 100}{12\,825\,000} = 42{,}18\,\%$	$\dfrac{3\,412\,500 \cdot 100}{11\,192\,500} = 30{,}49\,\%$
Anteil der Abschreibungen am Umsatz	$\dfrac{588\,000 \cdot 100}{12\,825\,000} = 4{,}58\,\%$	$\dfrac{975\,000 \cdot 100}{11\,192\,500} = 8{,}71\,\%$

2 a) Intensitätskennziffern

Anteil der Aufwandsarten am Gesamtaufwand	Intensitätskennziffern				Veränderungen zum Vorjahr	
	Vorjahr		Berichtsjahr			
	EUR	%	EUR	%	%-Punkte	%
Aufwendungen für Waren	400,00	30,8	500,00	32,7	1,9	25,0
Personalaufwendungen	300,00	23,1	320,00	20,9	− 2,2	6,7
Abschreibungen	120,00	9,2	200,00	13,1	3,9	66,7
Steuern	120,00	9,2	125,00	8,2	− 1,0	4,2
Energie, Betriebsstoffe	70,00	5,4	85,00	5,6	0,2	21,4
Werbe- und Reisekosten	150,00	11,5	140,00	9,2	− 2,3	− 6,7
Allgemeine Verwaltung	140,00	10,8	160,00	10,5	− 0,3	14,3
	1.300,00	100,0	1.530,00	100,0		17,7

Anteil der Aufwandsarten und des Gewinns am Umsatz	Intensitätskennziffern				Veränderungen zum Vorjahr	
	Vorjahr		Berichtsjahr			
	EUR	%	EUR	%	%-Punkte	%
Aufwendungen für Waren	400,00	26,7	500,00	27,8	1,1	25,0
Personalaufwendungen	300,00	20,0	320,00	17,8	− 2,2	6,7
Abschreibungen	120,00	8,0	200,00	11,1	3,1	66,7
Steuern	120,00	8,0	125,00	6,9	− 1,1	4,2
Energie, Betriebsstoffe	70,00	4,7	85,00	4,7	0,0	21,4
Werbe- und Reisekosten	150,00	10,0	140,00	7,8	− 2,2	− 6,7
Allgemeine Verwaltung	140,00	9,3	160,00	8,9	− 0,4	14,3
Gewinn	200,00	13,3	270,00	15,0	1,7	35,0
Umsatzerlöse	1.500,00	100,0	1.800,00	100,0		20,0

b) Bezogen auf die Gesamtaufwendungen hat sich das Verhältnis der einzelnen Aufwandsart zum Gesamtaufwand nur geringfügig verändert. Es ist eine Verschiebung der Aufwandsstruktur zugunsten der Aufwendungen für Waren sowie der Abschreibungen festzustellen.
Die Aufwendungen für Waren, die Abschreibungen, die Aufwendungen für Energie und die Steuern sind besonders stark im Vergleich zum Umsatz angestiegen. Die Personalaufwendungen sind unterproportional gestiegen. Die Aufwendungen für Werbung und Reise sind sogar absolut und relativ zum Umsatz gefallen. Insgesamt hat das Unternehmen im Berichtsjahr wirtschaftlicher als im Vorjahr gearbeitet.

c) **Gründe für die Aufwandsstrukturveränderung**

Aufwendungen für Waren	Erhöhung des Beschäftigungsgrades ++ Abssatzsteigerung; Preiserhöhungen am Beschaffungsmarkt
Personalaufwendungen	Erhöhung des Beschäftigungsgrades ++ Umssatzsteigerung; Anstieg der geleisteten Arbeitsstunden
Abschreibungen	Erhöhung des Beschäftigungsgrades ++ Umssatzsteigerung; Erhöhung der Anzahl der Betriebsmittel (quantitative Anpassung) oder stärkere Beanspruchung der vorhandenen Betriebsmittel (intensitätsmäßige Anpassung)
Steuern	Zunahme der Erlöse führte bei nur gering veränderten Aufwendungen zu erhöhtem Gewinn, der die Bemessungsgrundlage für die Gewerbeertragssteuer darstellt; erhöhte Kfz-Steuer: Lkw-Zugänge.
Energie, Betriebsstoffe	Erhöhung des Beschäftigungsgrades, Erweiterung des Fuhrparks, Energiepreiserhöhung
Werbe- und Reisekosten	Umsatzsteigerung, Sortimentserweiterung, -vertiefung u. a.
Allgemeine Verwaltung	Einsparungen im Verwaltungsbereich durch PC-Einsatz u. a.

3 a) 1. **Unternehmerrentabilität (Eigenkapitalrentabilität)**

$$\frac{26.000 \cdot 100}{650.000} = 4\,\% \text{ Verzinsung des eingesetzten Eigenkapitals}$$

Diese im eigenen Unternehmen zu erzielende Eigenkapitalverzinsung ist zu gering; denn eine Anlage dieser Mittel auf dem Kapitalmarkt würde dem Unternehmer ohne Schwierigkeiten eine Verzinsung von 6 % und auch mehr ermöglichen.

2. Maßnahmen, durch die der Zähler (Gewinn) möglichst vergrößert und der Nenner (Eigenkapital) möglichst niedrig gehalten wird, verbessern die Eigenkapitalrentabilität.
Beispiele für solche Maßnahmen sind:
Erhöhung der Umsatzerlöse durch Preiserhöhungen bei ansonsten unveränderten Aufwendungen; Erhöhung der Umsatzerlöse über höhere Absatzmengen bei unterproportional ansteigenden zusätzlichen Aufwendungen; Verminderung der Aufwendungen durch preisgünstigeren Einkauf, wirtschaftlichere Lagerhaltung, bessere Materialflussgestaltung; ablaufgerechtere Gestaltung des Produktionsprozesses bzw. genauere Überwachung der anfallenden Aufwendungen; Verminderung des eingesetzten Eigenkapitals über günstigere Ausnutzung der im Betrieb vorhandenen Kapazitäten für eine Ausdehnung der Umsatzerlöse.

b) **Aufnahme von Fremdkapital**
Aus dem verbleibenden Saldo von zusätzlichem Ertrag und zusätzlich anfallenden Aufwendungen, auschließlich der zu zahlenden Fremdkapitalzinsen, müssen die für das neu aufgenommene Fremdka-

pital zu zahlenden Zinsen gezahlt werden: Folglich kann die Fremdkapitalaufnahme nur dann zu einer Gewinnsteigerung und damit zu einer Erhöhung der Eigenkapitalrentabilität führen, wenn der oben genannte Saldo größer ist als der zu zahlende Fremdkapitalzins. Neben dem zu zahlenden Fremdkapitalzins sind besonders die Rückzahlungsbedingungen wesentlich; denn die Tilgungsraten belasten die Liquidität der Unternehmung.

c) **Umsatzrentabilität**

1. Ursachen für eine Verminderung: Verminderung der Umsatzerlöse bei gleichbleibender Absatzmenge und unveränderten Aufwendungen aufgrund fallender Preise; Verminderung des Gewinns aufgrund gestiegener Aufwendungen bei unveränderten Umsatzerlösen.

2. Erhöhung der Umsatzerlöse durch Ausweitung des Produktionsprogramms bei gleichzeitig besserer Ausnutzung der Betriebsmittel; Verminderung der vorhandenen Aufwendungen durch bewusstere Beschaffungspolitik, ablaufgerechtere Gestaltung der Fertigung, Verkürzung der Durchlaufzeiten, günstigere Belegung der Maschinen zur Vermeidung von Stillstandzeiten usw.

4 a) **Intensitätskennziffern**

Anteil der Aufwandsarten und des Gewinns am Umsatz	Intensitätskennziffern				Veränderungen zum Vorjahr		
	Vorjahr		Berichtsjahr				
	EUR	%	EUR	%	in Mio. EUR	in %-Punkte	in %
Wareneinsatz	410	34,17	515	34,33	105	0,2	25,61
Personalaufwand	228	19,00	120	8,00	– 108	– 11,0	– 47,37
Abschreibungen	280	23,33	380	25,33	100	2,0	35,71
sonst. betr. Aufw.	150	12,50	140	9,33	– 10	– 3,2	– 6,67
Steuern	60	5,00	45	3,00	– 15	– 2,0	– 25,00
Gewinn	72	6,00	300	20,00	228	14,0	316,67
Umsatzerlöse	1.200	100,00	1.500	99,99	300		25,00

b) Der Gewinn betrug in Relation zum Umsatz im Berichtsjahr 20 % gegenüber dem Vorjahr mit 6 %. Diese günstige Entwicklung wurde ermöglicht, weil der relative Anteil der Kosten an den Umsatzerlösen vermindert werden konnte. Die Selbstkosten betragen im Berichtsjahr 80 % und im Vorjahr 94 % der Umsatzerlöse. Die Aufwandsstruktur zeigt, dass der Personalaufwand um 47 %, die Steuern um 25 % und die sonstigen betrieblichen Aufwendungen um etwa 7 % trotz des um 25 % gestiegenen Umsatzes verringert werden konnten. Ein gegenüber dem Umsatzerlös (25 % Anstieg) stärker gestiegener Wert weisen die Abschreibungen mit etwa 36 % Zunahme auf.

c) **Gründe für Aufwandsstrukturveränderung**

Wareneinsatz	Die Steigerung um 25,61 % stimmt weitgehend überein mit der eingetretenen Umsatzsteigerung von 25 %, sodass die Zunahme des Werkstoffeinsatzes durch eine Beschäftigungsänderung verursacht wurde.
Personalaufwand Abschreibungen	Der Personalaufwand ist trotz des Beschäftigungsanstiegs stark gefallen. Betrachtet man zugleich die Aufwandsart Abschreibungen, dann erscheint als Grund einleuchtend, dass die Unternehmung durch Rationalisierung Arbeitskräfte eingespart hat. Diese Rationalisierungsinvestitionen konnten die Wirtschaftlichkeit der Unternehmung verbessern.
sonst. betriebliche Aufwendungen	Es ist beachtlich, dass trotz der Umsatzsteigerung die Aufwendungen um ca. 7 % verringert werden konnten. Es kann sich selbstverständlich auch um Aufwandseinsparungen im Verwaltungsbereich handeln, die sich in dieser Aufwandsart besonders zeigen.
Steuern	Die um 25 % gefallenen Steuern sind nur dadurch erklärlich, dass aufgrund steuerrechtlicher Bestimmungen Vergünstigungen für Unternehmen eingetreten sind, die in diesem Geschäftsjahr zur Auswirkung kamen. Es ist auch denkbar, dass in der vergangenen Periode erhebliche Steuernachzahlungen durchgeführt wurden.

5 a)
b)

	1	2	3	4
Eigenkapitalrentabilität	10,00 %	12,20 %	12,50 %	8,00 %
Umsatzrentabilität	4,00 %	3,05 %	2,75 %	1,60 %

6 a) Reingewinn: 27.450 – 12.200 – 600 – 170 – 7.250 – 500 – 2.000 – 250 – 1.250 – 300 – 1.100 = 1.830 TEUR

b) Eigenkapital zum Ende des Jahres: 1.830 + 15.000 = 16.830 TEUR

c) Eigenkapitalrentabilität: $\dfrac{1.830 \cdot 100}{15.000} = 12,2\ \%$

d) Umsatzrentabilität: $\dfrac{1.830 \cdot 100}{27.450} = 6,67\ \%$

7 a) Eigenkapital   990 TEUR
     b) Anlagevermögen   1.030 TEUR
     c) Fremdkapital   430 TEUR
     d) Umlaufvermögen   390 TEUR
     e) Reingewinn   100 TEUR

8 a)

	Jahr 1	Jahr 2
1. EK-Rentabilität	10 %	6,67 %
2. Umsatzrentabilität	3,6 %	2 %

     b) Kostenerhöhung (Warmeinsatz, Handlungskosten) stärkerer Wettbewerb, sodass die eigenen Kalkulationssätze nicht mehr durchgesetzt werden können.

9 a)

Jahr	Eigenkapital-rentabilität	Gesamtkapital-/Unternehmungs-rentabilität	Umsatz-rentabilität
1. Jahr	16,67 %	11,92 %	4,31 %
2. Jahr	20,00 %	14,97 %	4,67 %
3. Jahr	25,00 %	17,78 %	5,21 %

     b) Die Umsatzrentabilität hat sich vom 1. zum 3. Jahr um ca. 30 % verbessert. Die Umsatzsteigerungsraten waren folglich größer als die Steigerungsraten der Aufwendungen, sodass die Reingewinne um 100 % stiegen.
Die hohe Steigerung der Reingewinne führte bei demgegenüber geringerem Anstieg des Eigenkapitals und damit einem erhöhten Eigenkapitalumschlag zu einer besseren Unternehmerrentabilität.
Die Unternehmungsrentabilität konnte vom 1. zum 3. Jahr gesteigert werden.
Diese hohe Unternehmungsrentabilität lässt es als möglich erscheinen, zusätzliches Fremdkapital aufzunehmen; denn der Fremdkapitalzins wird im Normalfall niedriger liegen als der im Betrieb zu erzielende Erfolg.

10 a)

Rentabilität und Cashflow	1	2
Eigenkapitalrentabilität	10,00	6,67
Gesamtkapitalrentabilität	10,00	7,50
Umsatzrentabilität	3,60	2,00
Cashflow-Eigenkapitalrentabilität	24,44	20,00
Cashflow-Umsatzrate	8,80	6,00

     b) **Eigenkapitalrentabilität:** Da die Gewinne bei gestiegenem Umsatz und verringerten Abschreibungen sich erheblich vermindert haben (von 18 auf 12 Mio. EUR), müssen erhebliche Aufwandssteigerungen in den Personal- oder Materialaufwendungen bzw. in den sonstigen betrieblichen Aufwendungen sowie in den Finanzaufwendungen vorgelegen haben. Das könnte verursacht sein durch höhere Preise für diese Kostengüter bzw. durch unwirtschaftlichere Arbeitsweise oder schließlich auch durch zufällige und unerwartete Vorfälle.

Gesamtkapitalrentabilität: Die Verringerung der Gewinne und der Anstieg des Fremdkapitals führten auch hier zu einer beachtlichen Verschlechterung der Gesamtkapitalrentabilität, sodass mit dem Gesamtkapital bei einem angenommenen Fremdkapitalzins von 8 $\frac{1}{3}$ % (wie im Beispiel) das Unternehmen aus dem mit diesem Kapital erwirtschafteten Ertrag von 7,5 % die Fremdkapitalzinsen nicht zahlen könnte. Folglich würde die Fremdkapitalaufnahme die Eigenkapitalrentabilität zusätzlich belasten.

Umsatzrentabilität: Die Erhöhung der Aufwendungen und die dadurch erfolgte Verringerung des Gewinns wird auch in der Umsatzrentabilität (von 3,6 % auf 2 %) deutlich. Die Umsatzsteigerung hat zwar die Marktposition des Unternehmens verbessert, jedoch nicht zu einer günstigeren Gewinnsituation geführt.

Cashflow-Eigenkapitalrentabilität: Die Verschlechterung der Cashflow-Eigenkapitalrentabilität von 24 % auf 20 % ist ebenfalls die Folge der Verringerung des Gewinns und der über die Umsatzerlöse zurückfließenden Abschreibungen. Beide Werte haben sich vermindert, sodass das Unternehmen bei 100 EUR Eigenkapital nur noch 20 EUR an Werten erwirtschaftet, die für mögliche Investitionen, Schuldentilgung oder Gewinnausschüttung zur Verfügung stehen.

Cashflow-Umsatzrate: Die Cashflow-Umsatzrate hat sich folgerichtig ebenfalls verschlechtert, sodass das Unternehmen von 100 EUR Umsatzerlösen nur noch 6 EUR als Cashflow für mögliche Investitionen, Schuldentilgungen und Gewinnausschüttungen zur Verfügung hat.

11 a)

Jahr	1. Fremd- kapitalzinsen	2. Ertrag des Gesamtkapitals	3. Eigenkapital- rentabilität	4. Gesamtkapital- rentabilität	5. Umsatz- rentabilität	6. Brutto- Cashflow
1. Jahr	120 TEUR	520 TEUR	10,0 %	8,7 %	4,0 %	1 350 TEUR
2. Jahr	120 TEUR	620 TEUR	12,2 %	10,2 %	3,0 %	1 670 TEUR
3. Jahr	210 TEUR	760 TEUR	12,5 %	10,3 %	2,8 %	2 330 TEUR
4. Jahr	280 TEUR	640 TEUR	8,0 %	7,5 %	1,8 %	1 830 TEUR

b) Erläutern Sie die Entwicklung der Kennzahlen

3. **Eigenkapitalrentabilität:** Die Eigenkapitalrentabilität ist in den ersten drei Jahren mit fallenden Zuwachsraten vom 2. zum 3. Jahr gestiegen und schließlich im 4. Jahr stark gefallen. Die Steigerung in den ersten drei Jahren wurde bei sinkender Umsatzrentabilität nur möglich durch einen erhöhten Eigenkapitalumschlag, d. h. mit relativ weniger eingesetztem Eigenkapital konnte mehr Umsatz und absolut mehr Gewinn erzielt werden. Es wurden also vorwiegend Maßnahmen ergriffen, die zu erhöhten Umsatzerlösen führten bei nahezu gleichbleibendem Kapitaleinsatz. Im 4. Jahr wird zwar das Eigenkapital in den Umsatzerlösen 5 mal umgeschlagen (Umsatzerlöse : Eigenkapital), sodass also mit diesem Eigenkapital eine Verzinsung von 5 · 1,6 % erzielt werden kann; jedoch ist die Umsatzrentabilität aufgrund stark angestiegener Aufwendungen ebenso gering geworden.

4. **Gesamtkapitalrentabilität:** Der Anstieg der Gesamtkapitalrentabilität in den ersten drei Jahren entstand aufgrund erheblich höherer Gewinne bei nur wenig erhöhtem Kapitaleinsatz. Würde in einem angenommenen 5. Jahr der zu zahlende Fremdkapitalzins (z. B. 8 %) höher als die Gesamtkapitalrentabilität sein, dann würden die vom Kapital im Betrieb zu erzielenden Erträge (bisher 7,5 %) nicht ausreichen, um die Fremdkapitalzinsen (8 %) zu vergüten, sodass folglich der Gewinn geschmälert und die Eigenkapitalrentabilität verringert würde. Im Beispielsfall hatte sich die Aufnahme von Fremdkapital stets positiv ausgewirkt.

5. **Umsatzrentabilität:** In allen Jahren lag eine Verschlechterung der Umsatzrentabilität vor, weil den gestiegenen Umsatzerlösen keine dementsprechend gestiegenen Gewinne gegenüberstanden. Die Gesamtaufwendungen sind also in den vier Jahren überproportional angestiegen.

6. **Cashflow:** Über die Umsatzerlöse flossen dem Unternehmen in den ersten drei Jahren stets ansteigende Mittel zu, die nicht zu unmittelbaren Ausgaben führen mussten. Dadurch standen dem Unternehmen Mittel für Investitionen bzw. Schuldentilgungen zur Verfügung. Im 4. Jahr zeigt sich ein Rückgang des Cashflows, weil insbesondere die Gewinne und die verdiente Abschreibungsrate sich verringerten. Damit wird die Finanzierungskraft der Unternehmung geschmälert.

12 a) 10.500,00 EUR
b) 3.000,00 EUR
c) 15.000,00 EUR
d) 30.500,00 EUR
e) 21.000,00 EUR
f) 60,0 %
g) 6,25 %
h) 25,0 %
i) 5,9 %

3.3 Gesamtergebnis, neutrales Ergebnis, Betriebsergebnis ermitteln

3.3.1 Betriebsfremde, betrieblich außerordentliche und betrieblich ordentliche Aufwendungen und Erträge an Beispielen erläutern

Lehrbuch Seite 316

Handlungssituation
Das Ergebnis der Finanzbuchhaltung enthält betriebsfremde und betrieblich außerordentliche Aufwendungen und Erträge. Soll die Beurteilung der eigentlichen Betriebstätigkeit nicht verfälscht werden, müssen diese von den Zweckaufwendungen (Grundkosten) abgegrenzt werden.

Lehrbuch Seiten 320 bis 323

1 a) Summe der Kosten und Leistungen

Kosten	TEUR	TEUR	Leistungen	TEUR
Wareneinsatz (1.)	3.390		Warenverkäufe (17.)	10.240
Miete (3.)	600			
Lohnzahlungen (4.)	1.900			
Energie (6.)	460			
Gehaltszahlungen (7.)	1.240			
Ausgangsfrachten (10.)	71			

Aufwendungen für Werbung und Reise (11.)	270	
Anteilige Abschreibungen auf Anlagen (12.)	740	
Energie (15.)	355	9.026

b) Summe der betriebsfremden Aufwendungen
Dachreparatur an der vermieteten
Ausstellungshalle (13. b) 6 6

Betriebsfremde Erträge
Jahresmiete aus ver-
mieteter Lagerhalle (9.) 36
Zinsgutschrift (16.) 14
___
50
===

c) Summe der betrieblich außerordentlichen Aufwendungen

Warenverderb (2.)	60	
Unfallschaden eines Lkw (5.)	16	
Schaden an einer Abfüllanlage (8.)	205	
Dachreparatur an Lagerhalle (13. a)	48	
Verzugszinsen (14.)	90	419

**Summe der betrieblich
a. o. Erträge** –

2 a) Das Betriebsergebnis und damit die Grundlage der Wirtschaftlichkeitsbeurteilung würde verfälscht.
   b) Die Preise würden sprunghaft ansteigen, der Wettbewerb würde erschwert.

3 a) Die Großhandelsunternehmung verfolgt den Zweck, über den Absatz der Waren Gewinne zu erzielen. Die Tätigkeiten des Absatzes sind nur möglich durch die durchdachte und planvolle Kombination der an diesen Prozessen beteiligten Produktionsfaktoren (menschliche Arbeitsleistung, Betriebsmittel und Waren). Dabei entsteht ein weitgehend feststellbarer Verbrauch dieser Produktionsfaktoren (z. B. die Zeit, in der ein Arbeiter tätig wurde), der mit einem Preis (z. B. Stundenlohn) bewertet werden kann. Diese Größe bezeichnet man als **Kosten: Verzehr an Produktionsfaktoren** im Rahmen der Produktionsprozesse, die **in einer Rechnungsperiode zur Verfolgung des Betriebszwecks** stattfanden.
   b) Das Vorhandensein einer Unternehmung und die von ihr vorgenommenen Tätigkeiten zur Verfolgung unterschiedlicher Zielsetzungen bedingen einen Werteeinsatz, der das Eigenkapital mindert und als Aufwand bezeichnet wird. Dieser freiwillige oder erzwungene, gezielt geplante oder mehr willkürlich aufgetretene Werteverzehr entspricht nicht ohne Weiteres dem Begriff der Kosten. Nur wenn die Aufwendungen im Zusammenhang mit der Verfolgung des eigentlichen Betriebszwecks entstanden sind, sind sie betriebliche Aufwendungen und können als solche nach einer weiteren Prüfung als Kosten bezeichnet werden. Nur die betrieblichen Aufwendungen sind deckungsgleich mit dem Begriff Kosten, die in dem betreffenden Unternehmen bei der Verfolgung seines Betriebszwecks als normaler und typisch bewerteter mengenmäßiger Verzehr an Produktionsfaktoren in der abzurechnenden Rechnungsperiode angefallen sind. Diese Aufwendungen, die mit den Kosten deckungsgleich sind, werden als Zweckaufwand bezeichnet. Aufwendungen, die in keinem Zusammenhang mit dem eigentlichen Betriebszweck stehen, sind betriebsfremde Aufwendungen und keine Kosten. Sie sind von den Kosten zu differenzieren und zählen zu den neutralen Aufwendungen. Betriebliche Aufwendungen, die nicht die betreffende Rechnungsperiode betreffen (periodenfremde Aufwendungen), und Aufwendungen, die nach Art und Höhe untypisch für den normalerweise ablaufenden Produktionsprozess sind, können ebenfalls nicht als Kosten bezeichnet werden und sind daher als neutrale Aufwendungen ebenfalls von den Kosten abzublocken.
   c) Wird unter Wirtschaftlichkeit des Betriebes der Quotient aus Leistungen und Kosten verstanden, dann ist es verständlich, dass die falsche Erfassung der Kosten durch ihre ungenügende Abgrenzung zu den neutralen Aufwendungen den Aussagewert dieser Kennziffer erheblich beeinflussen kann, sodass eine Beurteilung der Wirtschaftlichkeit des Betriebes unmöglich wird.
   d) Der bewertete mengenmäßige Verzehr an Produktionsfaktoren im Rahmen der Betriebstätigkeit, der in einer Rechnungsperiode zur Verfolgung des Betriebszwecks (z. B. Verkauf von Artikeln des Bürobedarfs in der Primus GmbH) stattfand, wurde als Kosten bezeichnet. Dieser Rechengröße für den Werteverzehr steht als Rechengröße für die Ergebnisse dieser Tätigkeiten der Leistungsbegriff gegenüber. Ist das Werteschaffen das Ergebnis der Verwirklichung des eigentlichen Betriebszwecks (Anschaffungswert der verkauften Artikel des Bürobedarfs) innerhalb einer Rechnungsperiode, dann werden diese beim Verkauf erzielten Werte als Leistung bezeichnet.

4	Geschäftsfälle	a	b	c
1.	Verkauf von Möbeln	×		
2.	Mieteinnahmen			×
3.	Zinsgutschrift der Bank			×
4.	Rückerstattung zu viel bezahlter Gewerbesteuer		×	
5.	Verzugszinsen für überfällige AR		×	
6.	Verkauf verschiedener Artikel zur Möbelbehandlung (Wachs, Lack u.Ä.)	×		

5 a) 3. Quartal 407.400,00 EUR Gewinn
   4. Quartal   44.000,00 EUR Verlust

b)

	Veränderungen in %
21 Zinsen und ähnliche Aufwendungen	0,0
301 Wareneingang	+ 6,3
401 Löhne	− 0,8
402 Gehälter	− 0,8
41 Mieten, Pachten, Leasing	+ 14,0
42 Steuern, Beiträge, Versicherungen	− 6,2
43 Energie, Betriebsstoffe	+ 6,5
44 Werbe- und Reisekosten	+ 26,0
47 Betriebskosten, Instandhaltung	+ 13,0
48 Allgemeine Verwaltung	− 11,2
49 Abschreibungen	+ 4,1
Aufwendungen insgesamt	+ 3,6
242 Betriebsfremde Erträge	+ 20,8
801 Warenverkauf Mixer	− 19,9
811 Warenverkauf Elektromesser	− 2,9
Erträge insgesamt	− 13,8

c)

Aufwandsart	mögliche Gründe für Abweichungen
21	keine Veränderungen
242	Die Steigerung der betriebsfremden Erträge um 20,8 % kann durch betriebsfremde Quellen (vermietete Betriebsgebäude) verursacht sein.
301	Preissteigerungen der Waren
401, 402	Die Personalkosten gingen geringfügig (etwa 0,8 %) zurück. Vermutlich konnte der Einsatz von Arbeitskräften (z.B. Überstunden) gering abgebaut werden, um eine Anpassung an die veränderte Erlössituation (−13,8 %) zu ermöglichen.
41	Es wäre denkbar, dass die Miete erhöht wurde. Zunehmend werden Anlagen geleast.
42	Es ist möglich, dass im vorherigen Quartal höhere Versicherungsbeiträge als im vierten Quartal geleistet wurden.
43	Mehrverbrauch (Wintereinbruch), Preissteigerung
44	Um weitere Erlösrückgänge zu verhindern, könnten im Rahmen einer antizyklischen Werbeaktion die Aufwendungen dieser Aufwandsart angestiegen sein.
47	Es können recht verschiedene Ursachen vorliegen, die betrieblicher, betriebsfremder oder betrieblich außerordentlicher Natur sind. So könnten beispielsweise verstärkt Reparaturen aufgrund von Schadensfällen eingetreten sein (betrieblich außerordentlicher Aufwand).
48	Ratonalisierung im Verwaltungsbereich
49	Die geringfügig erhöhten Abschreibungen könnten durch kleinere Nettoinvestitionen im Sachanlagevermögen verursacht worden sein.
801	Bei der Sortimentsgruppe Mixer zeigt sich ein leichter Umsatzrückgang von 3,3 %, der sowohl auf Preissenkungen als auch auf einen Absatzrückgang zurückgeführt werden könnte.
811	Der Rückgang von 13,8 % bei der Sortimentsgruppe Elektromesser zeigt möglicherweise an, dass sich einzelne Artikel in der Degenerationsphase befinden und unter Umständen eine Produktelimination sinnvoll wird. Die Verringerung der Erträge (−13,8 %) bei steigenden Aufwendungen (+3,6 %) bewirkt eine Verschlechterung der Wirtschaftlichkeit dieser Unternehmung, wobei zu beachten ist, dass nicht alle aufgeführten Aufwendungen perioden- und sachzielbezogen sind.

d) Den Erträgen aus einzelnen Warengruppen stehen sämtliche Aufwendungen, d.h. also auch betriebsfremde und betrieblich außerordentliche Aufwendungen gegenüber. Außerdem sind die in den Aufwendungen der Finanzbuchhaltung enthaltenen sachzielbezogenen Aufwendungen (Zweckaufwendungen) den Warengruppen zuzuordnen, sodass die Wirtschaftlichkeit einzelner Warengruppen nicht feststellbar ist.

e) ■ Abgrenzung der betriebsfremden und betrieblich außerordentlichen Aufwendungen
   ■ Zuordnung der dann verbleibenden Kosten zu den Kostenträgern (Warengruppen) mittels der KLR

6 a) 2, 4, 11, 12, 13, 14, 15
  b) 3, 6, 7, 8, 9, 16
  c) 1, 5, 10

7 a) **Zweckaufwand/Grundkosten**

Ordentliche Aufwendungen des Betriebes der Primus GmbH, die bei der Verfolgung des Sachziels entstehen. Diese Zweckaufwendungen werden in gleicher Höhe als Grundkosten in die KLR übernommen.

| Beispiele: | 1. Wareneinkauf lt. ER | 15.000,00 EUR |
| | 2. Gehaltszahlung für eine Mitarbeiterin im Verkauf | 2.800,00 EUR |

b) **betriebsfremder Aufwand**

Aufwendungen, die bei der Verfolgung von Nebenzielen entstehen. Sie werden gegenüber der KLR neutralisiert.

| Beispiele: | 1. Anstrich vermieteter Räume | 5.200,00 EUR |
| | 2. Dachreparatur an einem vermieteten Gebäude | 2.700,00 EUR |

c) **betrieblich a. o. Aufwand**

Sie entstehen bei der **Verfolgung** des Sachziels, sind jedoch nicht Ergebnisse des Betriebsprozesses. Wegen ihrer Zufälligkeit, starken Schwankungen in der Höhe sind sie für Zwecke der KLR nicht geeignet. Vielfach sind sie der Abrechnungsperiode nicht zurechenbar.

| Beispiele: | 1. Warenverderb aufgrund eines Wasserrohrbruchs | 32.000,00 EUR |
| | 2. Dachreparatur an betrieblich genutzten Lagergebäuden | 112.000,00 EUR |

d) **Leistungen**

Sie sind das Ergebnis der Sachzielverfolgung. Ihnen werden die Kosten in der KLR verursachungsgerecht zugerechnet.

| Beispiele: | 1. Verkauf von Büromöbeln lt. AR | 31.900,00 EUR |
| | 2. Aufbau von Regalen in einem Kundenbüro | 18.200,00 EUR |

e) **betriebsfremder Ertrag**

Er resultiert aus Nebenzielen. Ihnen sind die Aufwendungen zuzurechnen, die die Verfolgung der Nebenziele verursacht.

| Beispiele: | 1. Miete für eine vermietete Garage | 80,00 EUR |
| | 2. Zinserträge aus der Anlage überflüssiger liquider Mittel | 285,00 EUR |

f) **betrieblich a. o. Ertrag**

Sie entstehen bei der Verfolgung des Sachziels, sind jedoch zufälliger Natur, fallen unregelmäßig an und sind oft einer Abrechnungsperiode nicht exakt zurechenbar.

| Beispiele: | 1. Erträge aus dem Verkauf eines gebrauchten PC | 150,00 EUR |
| | 2. Gewerbesteuerrückerstattung für das vergangene Geschäftsjahr | 1.200,00 EUR |

8 Die KLR übernimmt den betrieblichen Aufwand, der im Zusammenhang mit der Leisungserstellung (Umsatz) entsteht, um ihn den einzelnen Artikeln des Warensortiments verursachungsgemäß zuzurechnen. Im vorliegenden Fall handelt es sich um einen betriebsfremden Vorgang, der für die KLR nicht geeignet ist.

3.3.2 Abgrenzungsrechnung zur Ermittlung des Betriebsergebnisses erstellen

Lehrbuch Seite 323

Handlungssituation

■ In dieser Aufstellung sind
- betriebsfremde und
- betrieblich außerordentliche

Aufwendungen und Erträge aus dem Ergebnis der Finanzbuchhaltung herauszufiltern und jeweils getrennt auszuweisen. Danach verbleibt das Betriebsergebnis (vgl. Lehrbuch S. 325)

■ Vgl. Lehrbuch S. 324f.

Lehrbuch Seiten 326 bis 328

1

Abgrenzungsrechnung

Konto	Bezeichnung	I Werte der Finanzbuchführung		II Abgrenzungsrechnung		III Kosten- und Leistungsarten	
		1 Aufwendg.	2 Erträge	3 Aufwendg.	4 Erträge	5 Aufwendg.	6 Erträge
211	Zinsaufwendungen	93.500,00		11.550,00		81.950,00	
242	Mieterträge		115.500,00		115.500,00		
261	Zinserträge		148.500,00		148.500,00		
301	Aufwendungen für Waren/WE	6.765.000,00		97.200,00		6.667.800,00	
40	Personalaufwendungen	4.730.000,00				4.730.000,00	
421–424	Steuern	550.000,00		4.950,00		545.050,00	
426	Versicherungsbeiträge	123.750,00		9.350,00		114.400,00	
44	Werbe- und Reisekosten	524.250,00		2.750,00		521.500,00	
46	Kosten der Warenabgabe	1.028.500,00				1.028.500,00	
47	Instandhaltungen	404.250,00		171.750,00		232.500,00	
48	Allgemeine Verwaltung	325.500,00				325.500,00	
491	Abschreibungen auf Sachanlagen	495.000,00		16.500,00		478.500,00	
801	Warenverkauf		15.400.000,00				15.400.000,00
		15.039.750,00	15.664.000,00	314.050,00	264.000,00	14.725.700,00	15.400.000,00
		624.250,00		139.150,00	50.050,00	674.300,00	
		15.664.000,00	15.664.000,00	314.050,00	314.050,00	15.400.000,00	15.400.000,00

Gesamtergebnis der Unternehmung	624.250,00
+ Ergebnis der Abgrenzungsrechnung	50.050,00
Betriebsergebnis	674.300,00

2

Abgrenzungsrechnung

		I Werte der Finanzbuchführung		II Abgrenzungsrechnung		III Kosten- und Leistungsarten	
	Aufwands- und Ertragspositionen	1	2	3	4	5	6
Konto	Bezeichnung	Aufwendg.	Erträge	Aufwendg.	Erträge	Aufwendg.	Erträge
211	Zinsaufwendungen	39.000,00	–	2.600,00	–	36.400,00	–
242	Mieterträge/Betriebsfremde Ertr.	–	136.500,00	–	136.500,00	–	–
261	Zinserträge	–	234.000,00	–	234.000,00	–	–
301	Aufwendungen für Waren/WE	910.000,00	–	53.000,00	–	857.000,00	–
401, 402	Löhne/Gehälter	1.383.000,00	–	–	–	1.383.000,00	–
421–424	Betriebliche Steuern	113.000,00	–	1.800,00	–	111.200,00	–
426	Versicherungsbeiträge	83.000,00	–	1.200,00	–	81.800,00	–
44	Werbe- und Reisekosten	123.500,00	–	390,00	–	123.110,00	–
47	Instandhaltungen	299.000,00	–	192.125,00	–	106.875,00	–
48	Allgemeine Verwaltung	320.000,00	–	–	–	320.000,00	–
491	Abschreibungen auf Sachanlagen	308.000,00	–	6.500,00	–	301.500,00	–
801	Warenverkauf	–	3.087.500,00	–	–	–	3.087.500,00
		3.578.500,00	3.458.000,00	257.615,00	370.500,00	3.320.885,00	3.087.500,00
		–	120.500,00	112.885,00	–	–	233.385,00
		3.578.500,00	3.578.500,00	370.500,00	370.500,00	3.320.885,00	3.320.885,00

Betriebsergebnis   − 233.385,00
Abgrenzungsrechnung   + 112.885,00
Gesamtergebnis   − 120.500,00

3

Abgrenzungsrechnung

		I Werte der Finanzbuchführung		II Abgrenzungsrechnung		III Kosten- und Leistungsarten	
Aufwands- und Ertragspositionen		1	2	3	4	5	6
Konto	Bezeichnung	Aufwendg.	Erträge	Aufwendg.	Erträge	Aufwendg.	Erträge
211	Zinsaufwendungen	35.000,00	–	–	–	35.000,00	–
242	Mieterträge	–	180.000,00	–	180.000,00	–	–
261	Zinserträge	–	1.000,00	–	1.000,00	–	–
301	Aufwendungen für Waren/WE	1.450.000,00	–	21.000,00	–	1.429.000,00	–
401	Personalkosten	1.300.000,00	–	–	–	1.300.000,00	–
42	Betriebliche Steuern	130.000,00	–	17.500,00	–	112.500,00	–
44	Werbe- und Reisekosten	250.000,00	–	–	–	250.000,00	–
47	Betriebskosten/Instandhaltungen	185.000,00	–	75.000,00	–	110.000,00	–
48	AVK	510.000,00	–	–	–	510.000,00	–
49	Abschreibungen auf Sachanlagen	250.000,00	–	12.000,00	–	238.000,00	–
801	Warenverkauf	–	4.200.000,00	–	–	–	4.200.000,00
		4.110.000,00	4.381.000,00	125.500,00	181.000,00	3.984.500,00	4.200.000,00
		271.000,00	–	55.500,00	–	215.500,00	–
		4.381.000,00	4.381.000,00	181.000,00	181.000,00	4.200.000,00	4.200.000,00

Betriebsergebnis 215.500,00
+ Abgrenzungsrechnung 55.500,00
Gesamtergebnis 271.000,00

4 a) Warenverderb 17.000,00 EUR: betrieblich außerordentlich, nicht für die KLR geeignet.

b) Reparatur des Daches eines Lagergebäudes 120.000,00 EUR: betrieblich außerordentlich, nicht für die KLR geeignet. Solche Reparaturen fallen alle 10–15 Jahre an. Um das Betriebsergebnis und die KLR im Jahr der Entstehung dieser Aufwendungen nicht zu stark zu belasten, müssen sie abgegrenzt werden. Für Jahres- und Ergebnisvergleiche sind solche schwankenden betrieblichen Aufwendungen auf die Jahre der Lagergebäudenutzung gleichmäßig zu verteilen.

c) Nachzahlung der Gewerbesteuer für das Vorjahr 18.000,00 EUR: betrieblich außerordentlich, nicht für die KLR geeignet.

d) Ein Lkw erleidet auf der Fahrt zu Kunden einen selbst verschuldeten Unfall; Unfallschaden 50.000,00 EUR: betrieblich außerordentlich, nicht für die KLR geeignet.

e) Anstrich eines vermieteten Gebäudes: betriebsfremd, muss gegenüber der KLR neutralisiert werden.

5 Die Abgrenzungsrechnung hat die Aufgabe,
- betriebsfremde und
- betrieblich a. o. Aufwendungen und Erträge

aus den Gesamtaufwendungen und -erträgen abzugrenzen, d. h. zu neutralisieren. Betriebsfremde und betrieblich a. o. Aufwendungen und Erträge sind im neutralen Ergebnis gegenüberzustellen.
Nach Abgrenzung der neutralen Aufwendungen und Erträge bleiben die Kosten und Leistungen, die im Betriebsergebnis gegenübergestellt werden:
- Kosten > Leistungen = betrieblicher Verlust
- Kosten < Leistungen = betrieblicher Gewinn

6 Das Gesamtergebnis lt. Fibu enthält betriebsfremde und betrieblich a. o. Aufwendungen und Erträge. Diese sind für Zwecke der KLR abzugrenzen. Dadurch ergeben sich zwangsläufig Abweichungen von Betriebsergebnis und Gesamtergebnis.
- Betriebsergebnis − negatives neutrales Ergebnis = Gesamtergebnis
- Betriebsergebnis + positives neutrales Ergebnis = Gesamtergebnis

Wiederholung Lernfeld 11: Unternehmensergebnisse aufbereiten, bewerten und nutzen

Übungsaufgaben

Lehrbuch Seiten 328 bis 333

1 a) 1.085 TEUR
b) 8 mal
c) 75 %
d) 16.101.400,00 EUR
e) 9.200.800,00 EUR
f) 868.000,00 EUR
g) 10,6 mal

2 a) 7.700 TEUR
b) 4.800 TEUR
c) 8.000 TEUR
d) 4.500 TEUR
e) 64 %
f) 80 %
g) 103,9 %
h) 139,6 %
i) 50.800 TEUR
j) 52.000 TEUR
k) 1.200 TEUR
l) 24 %

3 a)   398,00 EUR
b)   3,58 EUR
c) 250.000,00 EUR
d)   55.238,10 EUR
e)   32.400,00 EUR

4

			Hinweis:
a) Umlaufvermögensintensität	25 %		In der 1. Auflage fehlt
b) Eigenkapitalquote	62,5 %		die Aufgabenstellung
c) Anlagendeckung I	83,33 %		
d) Barliquidität	70 %		
e) Eigenkapitalrentabilität	25 %		
f) Umsatzrentabilität	6,25 %		

5 1. a)   60 Stück
   b) 185 Stück
   c) 5,15 EUR
   d) 540 Stück
   e) 2.781,00 EUR
   f)   309,00 EUR
   g) 15 mal

2. 300,00 EUR
3.   5,20 EUR

6 a) 40 %
   b) 55 %
   c) 18 %

7 a) 6.950 TEUR
   b) 1.940 TEUR
   c)   160 TEUR
   d) 2.100 TEUR
   e) −900 TEUR
   f) 1.300 TEUR

Prüfungsaufgaben

Lehrbuch Seiten 333 bis 336

1 a) 430 TEUR
   b) 5 mal
   c) 60 %
   d) 5.643.750,00 EUR
   e) 2.257.500,00 EUR

2 a) aa) 10 %
      ab) 110.000,00 EUR
      ac) 60 %
   b) ba) 400.000,00 EUR
      bb) 16 Jahre
      bc) 240.000,00 EUR
      bd) 37,5 %

3 a)   125.925,93 EUR
   b)   160.000,00 EUR
   c) ca) 172.000,00 EUR
      cb) 137.600,00 EUR
   d) da)   2.500,00 EUR
      db)   5.400,00 EUR

4 a) aa) 908,50 EUR
      ab)   61,50 EUR
   b) 3, 5

5 a) 2.030 TEUR
   b) 1.070 TEUR
   c) 1.750 TEUR
   d) 1.350 TEUR
   e) 25.400 TEUR
   f) 26.000 TEUR
   g) 10.600 TEUR
   h)   600 TEUR
   i) 46,5 %
   j) 2,4 %
   k) 52,2 %

6 a) 2, 8
   b) 1, 7
   c) 1, 5
   d) 1, 3
   e) 6, 7
   f) 2, 4
   g) 1, 5
   h) 6, 7

7 a) aa) 6 mal
      ab) 1.008.000,00 EUR
      ac) 1,55
   b) ba) 210.000,00 EUR
      bb) 90 Tage
      bc) 2,25 EUR
      bd) 1.260.000,00 EUR

8 a) aa) 1.200.000,00 EUR
      ab) 2.184.000,00 EUR
      ac)   150.000,00 EUR
      ad) 8 mal
      ae) 45 Tage
      af) 82 %
   b) ba) 305 an 301
      bb) 301 an 302
      bc) 301 an 390
      bd) 308 an 301
      be) 801 an 805
      bf) 801 an 808

Lernfeld 12: Berufsorientierte Projekte für den Groß- und Außenhandel durchführen

1 Grundlagen der Projektarbeit im Groß- und Außenhandel verstehen

Lehrbuch Seiten 337, 338
Handlungssituation

■ Individuelle Lösung.

■ – Koordination der verschiedenen Elemente des Projektmanagements – Projektplanung, Projektdurchführung und Projektauswertung – (Integrationsmanagement)
  – Kontrolle, ob das Projekt wie geplant verläuft und die Projektziele erreicht werden (Umfangsmanagement)
  – Termin- und Zeitmanagement
  – Sorge für die Einhaltung des vereinbarten Budgets (Kostenmanagement)
  – Sicherstellung, dass die festgelegten Qualitätsansprüche erreicht werden (Qualitätsmanagement)
  – Zusammenstellung des Projektteams und Führung der Projektmitarbeiter (Personalmanagement)
  – Konfliktmanagement
  – Sicherstellung, dass die notwendigen Informationen an die betreffenden Stellen gelangen (Kommunikationsmanagement)
  – Analyse der Projektrisiken und entsprechende Reaktionen darauf (Risikomanagement)
  – Zusammenarbeitet mit Partnern und Lieferanten (Beschaffungsmanagement)

■ Neben organisatorischen Fähigkeiten und dem rein technischen Können in Bezug auf das Projekt sind vor allem die sozialen Fähigkeiten der Projektleitung für den Projekterfolg sehr wichtig. Sie muss zwischen den einzelnen Teammitgliedern ausgleichen, sich eventuell vor den Projektauftraggebern rechtfertigen und nach außen hin repräsentieren. Als Projektmanager sind Multitalente mit Fingerspitzengefühl und viel Empathie gefragt.

■ – Teamfähigkeit
  – Belastbarkeit
  – Fachfrau/Fachmann auf seinem/ihrem Gebiet
  – konstruktiver Umgang mit Konflikten
  – hohe Motivation in Bezug auf Projekt

Lehrbuch Seite 346

1 Ein systematisches Projektmanagement ist eine wichtige Bedingung für einen erfolgreichen Projektverlauf. Durch die systematische Planung und Durchführung des Projektes werden die Projektergebnisse verbessert, die Kosten werden reduziert und die Zufriedenheit aller am Projekt beteiligten wird gesteigert. Zudem werden Reibungsverluste in den Übergängen zu den jeweiligen Projektphasen verringert und der Informationsfluss zwischen allen am Projekt beteiligten Personen wird verbessert.

2 Checkliste Projektvorhaben – Beispiel

PROJEKTMERKMAL	AUSPRÄGUNG	BEGRÜNDUNG
Das geplante Vorhaben hat klare und messbare Ziele.	☐ ja ☐ nein	
Das geplante Vorhaben ist klar befristet. Anfangs- und Endtermin stehen fest.	☐ ja ☐ nein	
Das geplante Vorhaben ist finanziell und personell mit begrenzten Ressourcen ausgestattet.	☐ ja ☐ nein	
Zum geplanten Vorhaben passt eine projektspezifische Organisationsform.	☐ ja ☐ nein	
Bei dem geplanten Vorhaben handelt es sich um eine neuartige, komplexe und einmalige Aufgabenstellung.	☐ ja ☐ nein	
Das geplante Vorhaben birgt das Risiko in sich, dass dem Unternehmen ein Schaden entstehen kann.	☐ ja ☐ nein	

3 Individuelle Lösung.
Musterbeispiel

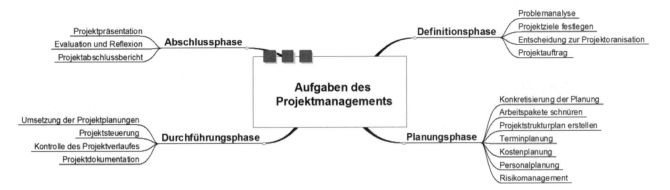

4 Kopiervorlage

GEWÜNSCHTE FÄHIGKEITEN	AUSPRÄGUNGSGRAD
	① ② ③ ④ ⑤ ⑥
	① ② ③ ④ ⑤ ⑥
	① ② ③ ④ ⑤ ⑥
	① ② ③ ④ ⑤ ⑥
	① ② ③ ④ ⑤ ⑥
	① ② ③ ④ ⑤ ⑥
	① ② ③ ④ ⑤ ⑥
	① ② ③ ④ ⑤ ⑥
	① ② ③ ④ ⑤ ⑥
	① ② ③ ④ ⑤ ⑥
	① ② ③ ④ ⑤ ⑥

Mögliche Musterlösung

GEWÜNSCHTE FÄHIGKEITEN	AUSPRÄGUNGSGRAD					
Organisationstalent	①	②	⊗	④	⑤	⑥
EDV-Kenntnisse	①	②	⊗	④	⑤	⑥
Teamfähigkeit	①	②	③	④	⊗	⑥
Motivationskraft	①	②	③	④	⊗	⑥
Sicherheit im Auftreten	①	②	③	⊗	⑤	⑥
Ergebnisorientierung	①	②	③	④	⑤	⊗
Belastbarkeit	①	②	③	④	⊗	⑥
Fremdsprachenkenntnisse	①	②	⊗	④	⑤	⑥
Durchsetzungsfähigkeit	①	②	⊗	④	⑤	⑥
Verhandlungsgeschick	①	②	③	⊗	⑤	⑥
Kreativität	①	②	③	④	⑤	⊗

5 a)

Formingphase	Die einzelnen Teammitglieder lernen sich kennen. Der Umgangston ist höflich. Dies ist der Zeitpunkt, um Rollen, Teilaufgaben und Arbeitsmethoden klar zu definieren.
Stormingphase	Nach der Etablierung der Gruppe folgt oft eine Phase der Turbulenzen und der offenen Konfrontationen. Jeder, versucht sich zu behaupten. Status und Rollen werden neu verteilt. Meist geht das sogar mit offenen Konflikten einher.
Normingphase	Die Beziehungsfragen der Teammitglieder sind geklärt und es geht um Sachfragen. Aufgabenverteilung, Arbeitsmethoden und Spielregeln für den Umgang miteinander werden jetzt endgültig geklärt. Es entsteht eine Form der Kooperation.
Performingphase	Die Basis für konstruktive Zusammenarbeit ist geschaffen: Die Rollen sind geklärt und die Aufgaben verteilt. Probleme zwischen Personen sind gelöst oder entschärft. Die Energie des Teams wird nun ganz der Aufgabe gewidmet.

b) Individuelle Lösung.

2 Ein Projekt in den einzelnen Phasen durchführen

2.1 Projekte definieren

Lehrbuch Seiten 346, 347

Handlungssituation
■ Individuelle Lösung.
   Beispiele
   – Umsatzverluste der Vergangenheit ausgleichen
   – neues Geschäftsfeld erschließen
   – Marktposition im Vergleich zu den Mitbewerbern verbessern
   – Kundenzufriedenheit steigern
   – auf veränderte Marktanforderungen reagieren
   – Auslastung des Betriebes sichern
   – Arbeitsplätze erhalten

Organigramm der Primus GmbH, Groß- und Außenhandel für Bürobedarf

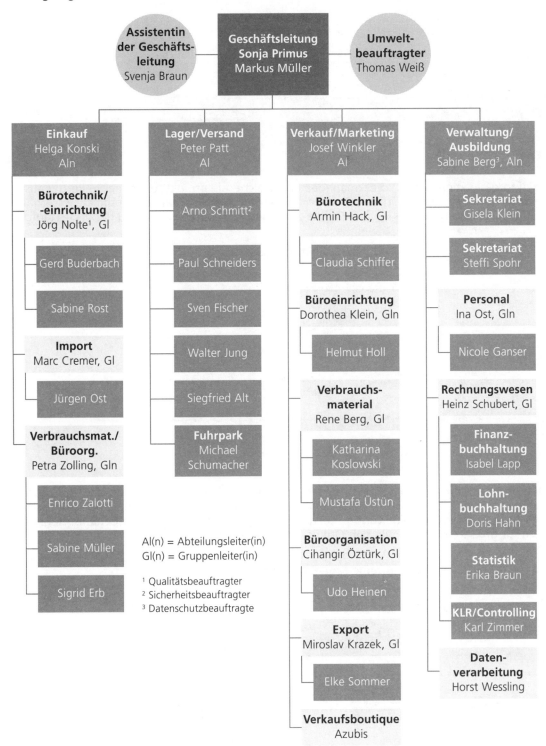

Geschäftsleitung
Sonja Primus
Markus Müller

Assistentin der Geschäftsleitung
Svenja Braun

Umweltbeauftragter
Thomas Weiß

Einkauf
Helga Konski
Aln

Lager/Versand
Peter Patt
Al

Verkauf/Marketing
Josef Winkler
Al

Verwaltung/Ausbildung
Sabine Berg³, Aln

Bürotechnik/-einrichtung
Jörg Nolte¹, Gl
— Gerd Buderbach
— Sabine Rost

Import
Marc Cremer, Gl
— Jürgen Ost

Verbrauchsmat./Büroorg.
Petra Zolling, Gln
— Enrico Zalotti
— Sabine Müller
— Sigrid Erb

— Arno Schmitt²
— Paul Schneiders
— Sven Fischer
— Walter Jung
— Siegfried Alt

Fuhrpark
Michael Schumacher

Bürotechnik
Armin Hack, Gl
— Claudia Schiffer

Büroeinrichtung
Dorothea Klein, Gln
— Helmut Holl

Verbrauchsmaterial
Rene Berg, Gl
— Katharina Koslowski
— Mustafa Üstün

Büroorganisation
Cihangir Öztürk, Gl
— Udo Heinen

Export
Miroslav Krazek, Gl
— Elke Sommer

Verkaufsboutique
Azubis

Sekretariat
Gisela Klein

Sekretariat
Steffi Spohr

Personal
Ina Ost, Gln
— Nicole Ganser

Rechnungswesen
Heinz Schubert, Gl

Finanzbuchhaltung
Isabel Lapp

Lohnbuchhaltung
Doris Hahn

Statistik
Erika Braun

KLR/Controlling
Karl Zimmer

Datenverarbeitung
Horst Wessling

Al(n) = Abteilungsleiter(in)
Gl(n) = Gruppenleiter(in)

¹ Qualitätsbeauftragter
² Sicherheitsbeauftragter
³ Datenschutzbeauftragte

- Nicole Höver, Kauffrau im Großhandel
- Andreas Dick, Kaufmann im Großhandel
- Petra Jäger, Kauffrau im Großhandel
- Gorgios Paros, Kaufmann im Außenhandel

- Individuelle Lösung.
  Die reine Projektorganisation ist aufgrund der Größe des Projektes zu bevorzugen.

In der **Stabs-Projektorganisation** wird die grundlegende Unternehmensstruktur nicht verändert. Die Projektleitung koordiniert die Arbeit mit den verschiedenen Abteilungen, hat aber in der Regel keine Weisungsbefugnis. Dies bedarf wenig struktureller Änderungen und ist eine sehr flexible Organisationsform. Es besteht jedoch die Gefahr, dass wichtige Entscheidungen in Bezug auf den Online-Shop schwer durchzusetzen sind.

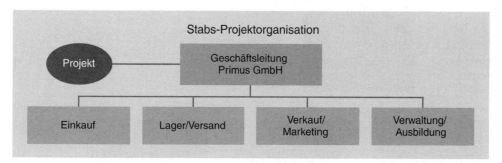

Die **Matrix-Projektorganisation** setzt Projektmanager ein, welche als projektbezogene Stelle genauso weisungsbefugt sind wie die jeweiligen Liniensysteme – folglich müssen sich beide abstimmen. Es ergibt sich eine ganzheitlichere Denkweise für das Projekt Online-Shop und eine gute Vernetzung der Projektaufgaben.

Matrix-Projektorganisation

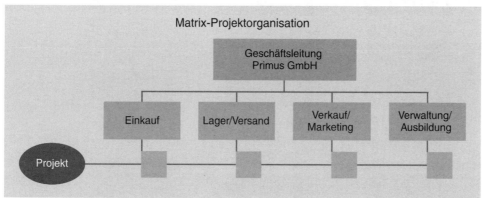

Die **reine Projektorganisation** sieht die Einrichtung einer eigenen Projektorganisation vor, die mit einem Projektmanager besetzt wird. Die Projektmitglieder werden aus den Abteilungen abgezogen oder als Fachleute extern beschafft und der Projektleitung unterstellt. So ergibt sich eine variable Organisationsstruktur, die insbesondere für größere Projekte wie den Online-Shop geeignet erscheint.

reine Projektorganisation

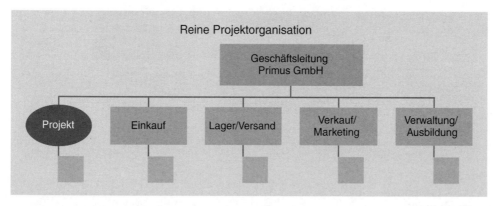

■ Individuelle Lösung.
Es kommen Abteilungsleiter oder Gruppenleiter infrage.
Beispiel
Als Projektleiterin fällt die Wahl auf Frau Braun. Als Assistentin der Geschäftsleitung verfügt sie über genug Know-how in technischen Belangen und zudem ist sie in Fragen der Personalführung erfahren.

Lehrbuch Seite 355

1 Unterbleibt die Situationsanalyse, wird das dem Projekt zugrunde liegende Problem nicht ausreichend analysiert. Dies hat zur Folge, dass die Projektidee und die Projektziele oftmals unscharf bleiben oder sich gar nicht erst herauskristallisieren.

2 Individuelle Lösung.
Beispiele

Sachziele	Terminziele	Kostenziele
■ Das Projektteam ist für die Erstellung einer neuen Homepage verantwortlich. ■ Jede Abteilung der Primus GmbH wird mit den zuständigen Mitarbeitern und den entsprechenden Artikeln vorgestellt. ■ Jeder Mitarbeiter wird mit Foto vorgestellt. ■ Die Homepage hat Informationscharakter und soll eine leichte Orientierung ermöglichen. ■ Die Abteilungsleiter sollen in die Gestaltung eingewiesen werden, sodass sie ihre Bereiche selbstständig pflegen können.	■ Bis Mitte April liegt ein erster Entwurf für die Gestaltung einer Homepage vor. ■ Texte, Bilder und Buttons werden bis zum 7. Mai erstellt. ■ Die Programmierung ist bis zum 20. Mai abgeschlossen.	■ Die Gesamtkosten von 12.500,00 EUR sollen eingehalten werden.

3 Die Projektziele lassen sich in die drei Zielkomponenten **Sachziel, Terminziel und Kostenziel** zerlegen. Diese drei Zielgrößen beeinflussen sich wechselseitig und konkurrieren bisweilen miteinander.
Beispiele
■ Soll das Projekt in einem kürzeren Zeitraum durchgeführt werden, so lässt dies in den meisten Fällen die Kosten steigen.
■ Werden die Sachziele erweitert, so bedeutet dies in den meisten Fällen eine Terminverzögerung und eine Kostensteigerung.
■ Sollen Kosten eingespart werden, so geht dies zumeist zulasten der Qualität und der vereinbarten Termine.

4

PROJEKTMERKMAL	AUSPRÄGUNG	BEGRÜNDUNG
Das geplante Vorhaben hat klare und messbare Ziele.	☒ ja ☐ nein	Das Projekt hat das klare Ziel, einen Online-Shop einzurichten.
Das geplante Vorhaben ist klar befristet. Anfangs- und Endtermin stehen fest.	☒ ja ☐ nein	Start des Projektes ist November dieses Jahres. Projektende ist im Juli des kommenden Jahres.
Das geplante Vorhaben ist finanziell und personell mit begrenzten Ressourcen ausgestattet.	☒ ja ☐ nein	Die Geschäftsleitung stellt ein Gesamtbudget von etwas mehr als 250.000,00 EUR zur Verfügung. Darin sind die Aufwendungen für die Mitarbeiter während der Projektphase enthalten.
Zum geplanten Vorhaben passt eine projektspezifische Organisationsform.	☒ ja ☐ nein	Das Projekt hat eine eigene Organisationsform mit einem Projektmanagement, einem Projektteam und entsprechenden Arbeits- und Kommunikationsstrukturen.
Bei dem geplanten Vorhaben handelt es sich um eine neuartige, komplexe und einmalige Aufgabenstellung.	☒ ja ☐ nein	Die Einrichtung eines Online-Shops ist für die Primus GmbH eine einmalige und neuartige Aufgabe.
Das geplante Vorhaben birgt das Risiko in sich, dass dem Unternehmen ein Schaden entstehen kann.	☒ ja ☐ nein	Das Projekt hat mehrere Risiken (z. B. Terminrisiken), die den Erfolg gefährden.

5 Klare Projektziele sind ein wesentlicher Gelingensfaktor für erfolgreiche Projekte. Nur wer klare Projektziele hat, weiß, was er mit dem Projekt erreichen möchte, und kann entsprechend planen. Dies gibt allen am Projekt beteiligten eine Orientierung, motiviert sie zusätzlich während der Projektdurchführung und ermöglicht letztendlich eine Kontrolle, ob die angestrebten Ziele erreicht wurden.

6

Stabs-Projektorganisation	
Vorteile	Nachteile
■ Organisationsstruktur zu Beginn und Ende des Projekts muss nicht geändert werden. ■ Schnell zu realisieren ■ Kostengünstig ■ Begünstigt Kooperation zwischen Stabsstellen und den anderen Führungsebenen ■ Unterstützung der Führungsebenen durch Stabsstellen	■ Stabsstellen können sich ggf. schwer durchsetzen ■ Keine klare Weisungsbefugnis durch die Projektleitung ■ Gefahr von Kompetenzstreitigkeiten zwischen Projektmanagement und einzelnen Abteilungen

Matrix-Projektorganisation	
Vorteile	Nachteile
■ Gute Ausnutzung von Kreativität und Spezialkenntnissen der Mitarbeiter ■ Fördert eine ganzheitliche Denkweise ■ Gute Vernetzung der einzelnen Projektaufgaben ■ Unterstützt den innerbetrieblichen Interessensausgleich	■ Uneinheitliche Leitung mit den damit verbundenen Nachteilen ■ Gefahr eines bürokratischen und schwerfälligen Führungsstils mit vielen Besprechungen und zeitraubenden Konferenzen

Reine Projektorganisation	
Vorteile	Nachteile
■ Maximale Ressourcenzuweisung für das Projekt ■ Klare Leitung ■ Anordnungs- und Kommunikationswege sind eindeutig geklärt ■ Schlagkräftige und effiziente Organisationsform	■ Hohe Anforderungen an die Projektleitung ■ Schwache Leistung der Projektleitung gefährdet den Projekterfolg ■ Aufwendig und kostspielig ■ Reintegrationsprobleme der Mitarbeiter nach Projektende

7 Projektaufträge haben den Charakter von Verträgen zwischen Auftraggebern und dem Projektteam. Mit der Unterschrift der Vertragspartner wird der Projektauftrag verbindlich und fordert alle Beteiligten zum konkreten Handeln auf. Die Inhalte des Projektauftrages können individuell gestaltet werden. Sie sollten jedoch eindeutig formuliert sein, um Missverständnisse und Unklarheiten von vornherein zu vermeiden. So ergibt sich für das Projektteam ein klarer Handlungs- und Kostenrahmen, der dazu beiträgt, Missverständnisse und Streitigkeit zu vermeiden.

2.2 Projekte planen

Lehrbuch Seite 356

Handlungssituation
■ Individuelle Lösung.

Beispiel

EINLADUNG KICK-OFF-MEETING

Liebes Projektteam „Online-Shop",

zum Kick-off-Meeting lade ich am
– xx. November 20xx um 15.00 Uhr
– in den Konferenzraum der Primus GmbH ein.
Gemeinsam wollen wir die Projektziele erörtern, die Grobplanungen konkreti-
sieren und erste Aufgaben- und Verantwortungsbereiche festlegen.

Agenda Kick-off-Meeting

- ▓ Begrüßung durch die Projektmanagerin
- ▓ Vorstellungsrunde (sofern Projektmitglieder nicht bekannt)
- ▓ Konkretisierung der Grobplanung
  - ▓ Ausgangssituation, Projektumfeld
  - ▓ Projektziele (Gesamtziel, Teilziele)
  - ▓ Projektphasen, Meilensteine
  - ▓ Projektrisiken und -chancen
- ▓ Regeln der Zusammenarbeit
- ▓ Festlegung der Aufgaben- und Verantwortungsbereiche
- ▓ Weitere Vorgehensweise
- ▓ Offene Punkte

Ich freue mich auf eine konstruktive Zusammenarbeit und einen erfolgreichen
Projektverlauf.

Mit freundlichen Grüßen

Sabine Braun

▓ Individuelle Lösung.
Beispiel

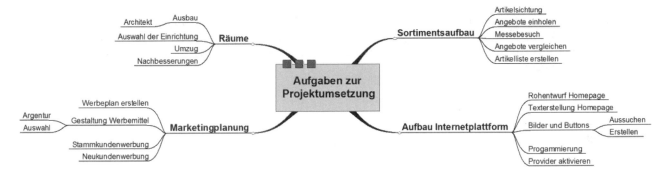

Lehrbuch Seite 364

1 Individuelle Lösung.
Die folgenden Gesichtspunkte sollten darin enthalten sein:
- ▓ Teilaufgaben festlegen und Arbeitspakete schnüren.
- ▓ Projektstrukturplan erstellen und den Projektablauf festlegen.
- ▓ Kosten- und Ressourcenplan aufstellen.
- ▓ Risiken erkennen und vermeiden.

2 Individuelle Lösung.
Beispiel

Arbeitspaket-Beschreibung		
Projektname:		
Bezeichnung Arbeitspaket:	Arbeitspaket-Nummer:	Verantwortliche/r des Arbeitspakets:
Ziele:		
Aufgaben und Tätigkeiten:		
Voraussetzungen und erforderliche Ressourcen:		
Dauer:	Starttermin:	Endtermin:
Unterschrift Projektleitung		Unterschrift Arbeitspaketverantwortliche/r

3 Projekte sind außergewöhnliche Vorhaben. Solche außergewöhnlichen Vorhaben bergen immer gewisse Risiken in sich. Die wesentlichen Risiken sind:
- *Qualitätsrisiko:* Es besteht die Gefahr, dass die Projektziele nicht in vollem Umfang erreicht werden können.
- *Kostenrisiko:* Es besteht die Gefahr, dass das Projekt teurer wird, als geplant.
- *Terminrisiko:* Es besteht die Gefahr, dass das Projekt nicht rechtzeitig abgeschlossen wird.

Risiken bestehen – in unterschiedlichem Ausmaß – bei jedem Projekt. Um sie zu minimieren, müssen die kritischen Faktoren des Projekts bereits im Vorfeld erkannt werden und ggf. Gegenmaßnahmen geplant werden.

4 a) Individuelle Lösung.
Beispiel

EINLADUNG PLANUNGSTREFFEN

Liebes Projektteam „Online-Shop",

zum Planungstreffen „RAUMGESTALTUNG UND UMZUG" lade ich Sie am
– .. Dezember 20.. um 10:00 Uhr
– in den Konferenzraum der Primus GmbH ein.
Ab dem ersten Januar können wir die neuen Räumlichkeiten für unseren
Online-Shop beziehen. In der anstehenden Sitzung gilt es, den Ablauf des
Innenausbaus und des Umzugs zu planen.

Agenda Planungstreffen Raumgestaltung und Umzug

- Begrüßung
- Besichtigung der neuen Räume
- Konkretisierung der Planungen
    - Raumgestaltung
    - Umzug/Einzug
    - Arbeitspakete definieren
    - Projektrisiken und -chancen
- Festlegung der Aufgaben- und Verantwortungsbereiche
- Weitere Vorgehensweise
- Offene Punkte

Ich freue mich auf ein gewohnt angenehmes und konstruktives Planungstreffen.

Mit freundlichen Grüßen

Sabine Braun

---

b) Es können die folgenden Arbeitspakete identifiziert werden.
Beispiele

Raumgestaltung:
- Planung der Inneneinrichtung
- Angebote einholen für Einrichtungsgegenstände, die nicht durch die Primus GmbH vertrieben wer-
den
- Angebote vergleichen und Bestellungen durchführen

Umzug:
- Auswahl einer Möbelspedition
- Aufstellen aller Möbel und Einrichtungsgegenstände inklusive Lampen und Jalousien
- Einräumen sämtlicher Ordner und Unterlagen
- Anschluss und Vernetzung der EDV

c) Kopiervorlage

Projektablaufplan zur Aufgaben- und Terminplanung

Projekttitel	Einrichtung Online-Shop
Projektleitung	Frau Braun
Datum	9. November 20..

PSP-Code	Teilaufgabe/Arbeitspaket	Termine		Personaleinsatzplan		Kalenderjahr 20..																																	
		Start	Ende	Verantwortung	Mitarbeit	49	50	51	52	1	2	3	4	5	6	7	8	9	10	11	12	13	14	15	16	17	18	19	20	21	22	23	24	25	26	27		
4	Raumgestaltung und Umzug																																					

Musterlösung

Projektpablaufplan zur Aufgaben- und Terminplanung

Projekttitel	Einrichtung Online-Shop
Projektleitung	Frau Braun
Datum	9. November 20..

PSP-Code	Teilaufgabe/Arbeitspaket	Termine Start	Termine Ende	Verantwortung	Mitarbeit
1	**Sortimentsaufbau**				
1.1	Artikelsichtung	03.01.200.	19.01.200.	Buderbach	
1.2	Angebote einholen	21.01.200.	28.02.200.	Buderbach	
1.3	Messebesuch	24.02.200.	26.02.200.	Buderbach	Braun
1.4	Angebote vergleichen	21.02.200.	31.03.200.	Buderbach	
1.5	Artikelliste erstellen	01.04.200.	15.04.200.	Buderbach	Braun
1.5	…				
2	**Aufbau Internetplattform**				
2.1	Entwurf Homepage	01.04.200.	15.04.200.	Engels	
2.2	Texterstellung Homepage	17.04.200.	30.04.200.	Engels	
2.3	Bilder und Button	24.04.200.	05.05.200.	Engels	
2.4	Programmierung	7.05.200.	19.05.200.	Engels	
2.5	Provider	21.05.200.	02.06.200.	Engels	
2.6	…				
3	**Marketingplanung**				
3.1	Werbeplan erstellen	17.04.200.	24.04.200.	Koslowski	
3.2	Gestaltung Werbemittel	25.04.200.	06.05.200.	Koslowski	Argentur
3.3	Stammkundenwerbung	08.05.200.	30.06.200.	Koslowski	
3.4	Neukundenwerbung	08.05.200.	30.06.200.	Koslowski	
3.5	…				
4	**Raumgestaltung und Umzug**				
04. Jan	Planung Inneneinrichtung	06.12.200.	31.12.200.	Braun	
04. Feb	Angebote einholen	27.12.200.	05.01.200.	Buderbach	
04. Mrz	Angebote vergleichen und bestellen	08.01.200.	21.01.200.	Buderbach	
04. Apr	Auswahl Möbelspedition	27.12.200.	31.12.200.	Braun	
04. Mai	Aufstellen Möbel und Einrichtungsgegenstände	16.01.200.	21.01.200.	Buderbach	
04. Jun	Einräumen Ordner und Unterlagen	23.01.200.	28.01.200.	Buderbach	
04. Jul	Aufbau und Vernetzung EDV	23.01.200.	28.01.200.	Engels	

Der rechte Teil der Tabelle enthält einen Balkenplan (Gantt-Diagramm) für das Kalenderjahr 200.. mit den Kalenderwochen 49, 50, 51, 52, 1, 2, 3, 4, 5, 6, 7, 8, 9, 10, 11, 12, 13, 14, 15, 16, 17, 18, 19, 20, 21, 22, 23, 24, 25, 26, 27.

d) Individuelle Lösungen in Anlehnung an die Ausarbeitungen zu den vorhergehenden Aufgabenteilen. **Beispiel:**

Arbeitspaket-Beschreibung
Projektname: *Online-Shop*

Bezeichnung Arbeitspaket: *Angebote für Einrichtung vergleichen und Bestellung durchführen*	Arbeitspaket-Nummer: *4.3*	Verantwortliche/r des Arbeitspakets: *Herr Buderbach*

Ziele: *Passende und günstige Angebote für die Einrichtung des Online-Shops auswählen und bestellen.*

Aufgaben und Tätigkeiten:
— *Angebote vergleichen*
— *Vorauswahl treffen*
— *Vorauswahl mit der Projektleitung besprechen*
— *Bestellung durchführen*
— *Wareneingang überwachen*
— *Lieferschein und Rechnungskontrolle*

Voraussetzungen und erforderliche Ressourcen:
Notwendiges Budget von 6.750,00 EUR für die Einrichtung

Dauer: *2 Wochen*	Starttermin: *08.01.20..*	Endtermin: *21.01.20..*

Unterschrift Projektleitung	Unterschrift Arbeitspaketverantwortliche/r
Sabine Braun	*Buderbach*

e) Als neue Kosten sind die Einrichtungskosten (75,00 EUR × 90 qm = 6.750,00 EUR) und die Umzugskosten (Schätzung) anzusetzen. Die anderen entstehenden Kosten sind durch die Kostenschätzung gedeckt. Es handelt sich hier überwiegend um Personalkosten, für die in der Kostenschätzung entsprechende Positionen angesetzt wurden, da die Projektmitarbeiter für das Projekt abgestellt und entsprechende Personalkosten eingeplant wurden. Dabei wird unterstellt, dass die anfallenden Aufgaben im Rahmen der üblichen Projektarbeit erledigt werden können.
Diese nun zusätzlich anfallenden Kosten durch die benötigte Einrichtung und ggf. den Umzug sind zunächst der Projektleitung mitzuteilen. Diese sollte dann den Projektauftrag überarbeiten und diesen mit den Projektauftraggebern abstimmen. Die Abstimmung mit den Projektauftraggebern ist zwingend notwendig, da diese das höhere Budget genehmigen müssen.

f) Kopiervorlage

Name des Arbeitspaketes: Angebote für die Einrichtung vergleichen und Bestellung durchführen					
Mögliche Risiken oder Probleme	Eintrittswahrscheinlichkeit	Welche Tragweite hätte der Schaden jeweils und welche Kosten werden dadurch verursacht?	Denkbare Ursachen	Mögliche Gegenmaßnahmen	Was kosten diese Maßnahmen?

Individuelle Lösung.
Beispiel

Name des Arbeitspaketes: Angebote für die Einrichtung vergleichen und Bestellung durchführen					
Mögliche Risiken oder Probleme	Eintrittswahrscheinlichkeit	Welche Tragweite hätte der Schaden jeweils und welche Kosten werden dadurch verursacht?	Denkbare Ursachen	Mögliche Gegenmaßnahmen	Was kosten diese Maßnahmen?
Verzögerung bei der Auslieferung der Bestellung	*geschätzt 10%*	*– Verzögerung des Einzuges/Umzuges – Arbeitsverzögerung für den weiteren Projektverlauf*	*– zu geringe Kapazität bei den Lieferanten – Fahrlässigkeit*	*– Fixkauf vereinbaren – ggf. Konventionalstrafe vereinbaren*	*Es entstehen keine weiteren Kosten*

2.3 Projekte durchführen

Lehrbuch Seite 365

Handlungssituation
■ Individuelle Lösung.
  Beispiele für Lösungsansätze:
  – Regelmäßige Besprechungen des Projektteams
  – Erstellung und Verteilung eines Projektstatusberichtes
  – Regelmäßige Informationen an die Mitglieder des Projektteams durch Hausmitteilungen oder E-Mails.
■ **Reaktion auf Krankheit:**
  – Information des Projektteams
  – Einberufung einer Besprechung des Projektteams
  – Analyse der Situation und der daraus folgenden Konsequenzen
  – Suche nach Lösungswegen
  – Vereinbarung von Maßnahmen und Festlegung der entsprechenden Verantwortungsbereiche
  – Information und ggf. Abstimmung mit den Projektauftraggebern mithilfe eines Projektänderungsantrages

Handlungsschritte:
– Das Projektteam unternimmt nichts und wartet, bis Herr Buderbach wieder gesund ist.
   Beurteilung: Dies führt zu einer Verzögerung des gesamten Projekts und lässt somit die Kosten steigen. Zudem führt es dazu, dass der Endtermin vermutlich nicht eingehalten werden kann.
– Die Aufgaben werden von anderen Projektteammitgliedern übernommen.
   Beurteilung: Dies führt zu einer höheren Belastung der anderen Projektteammitglieder und ist nur möglich, wenn diese noch nicht voll ausgelastet sind. Dies wäre dann eine kostenneutrale Lösung, welche dazu führt, dass der Termin- und Kostenrahmen eingehalten werden kann.
– Einstellung einer Vertretung für Herrn Buderbach.
   Beurteilung: Dies erhöht die Projektkosten und führt zunächst zu Reibungsverlusten, weil sich die Vertretung erst in das Projekt einarbeiten muss. Dies ist nur bei einer längeren Krankheit zu empfehlen.

Lehrbuch Seiten 371, 372

1 Während der Projektdurchführung ist das **Projektmanagement** der Dreh- und Angelpunkt. Auf der einen Seite muss es dafür sorgen, dass Absprachen und Vereinbarungen aus der Definitions- und Planungsphase eingehalten werden, auf der anderen Seite muss es schnell und flexibel auf Veränderungen und Schwierigkeiten im Projektablauf reagieren. Die in der Projektplanung festgelegten Absprachen und Abläufe treten in der konkreten Projektdurchführung nicht immer so ein, wie es ursprünglich vereinbart wurde. Es kommt zu Abweichungen zwischen den Planungen des Projektes und dem tatsächlichen Projektablauf.

2 **Terminkontrolle**
Die Terminkontrolle überprüft während der Projektdurchführung, ob der Projektablaufplan eingehalten wird. Als Kontrollpunkte ergeben sich die im Projektablaufplan zeitlich festgelegten Arbeitspakete und Meilensteine. Unter Zugrundelegung des Projektablaufplans und des Projektstatusberichtes lassen sich Abweichungen von der Soll-Planung schnell und einfach erkennen.
Kostenkontrolle
Die Kostenkontrolle basiert auf dem in der Projektplanung festgelegten Kosten- und Ressourcenplan. Die darin aufgeführten Soll-Kosten werden mit den tatsächlich angefallenen Kosten, den Ist-Kosten, verglichen.
Ergebniskontrolle
Die Ergebniskontrolle untersucht, ob die angestrebten Qualitätsziele auch erreicht wurden. Je zeitiger während des Projektverlaufs Qualitätsmängel bemerkt und Korrekturmaßnahmen ergriffen werden, desto kostengünstiger fallen diese in der Regel aus. Deshalb ist es wichtig, dass die Ergebniskontrolle nicht erst abschließend erfolgt, sondern bereits während jeder Projektphase stattfindet.

3 Individuelle Lösung.
Beispiel

Kontrollbereich	Soll	Ist
Erstellung der Artikelliste des Online-Shops	Bis zum 15. April	
Katalogkosten des Online-Shops	Maximal 22.000,00 EUR	
Fertigstellung der Homepage	Bis zum 19. Mai	
Qualität der Homepage	Übersichtlich, informativ und anregend	
Erstellung des Werbeplans	Bis zum 24. April	
Projektteammitglieder	Erledigen ihre Aufgaben fachkompetent und zuverlässig	

4 Individuelle Lösung.
Beispiel

Protokoll Projektteambesprechung				
Projektname: *Online-Shop*		Projektleitung: *Frau Braun*		
Datum:	Ort:	Von	bis	Uhr
Teilnehmer:				
Ziele:				
Sitzungsverlauf: – – – – – – –				
Vereinbarungen und Maßnahmen – – – – –				
Nächster Sitzungstermin:				
Unterschrift Projektleitung **Sabine Braun**		Unterschrift Protokollant/in **Buderbach**		

5 Kopiervorlage

PROJEKTSTATUSBERICHT	
Projekttitel: ...	
Projektleiter/in:	...
Datum:	...
Berichtszeitraum:	vom ... bis ...
Status:	☐ kritisch ☐ teilweise kritisch ☐ planmäßig
Kurzbeschreibung des Projektstatus:	...
Erreichte Qualität:	▪ ... ▪ ...
Bisherige Kosten:	▪ ... ▪ ... ▪
Status der Termine:	▪ ... ▪ ... ▪
Nächste Schritte/ Meilensteine:	▪ ... ▪ ... ▪
Notwendige/ anstehende Entscheidungen:	▪ ...
Unterschrift Projektleitung	Unterschrift Auftraggeber

Mögliche Lösung:

PROJEKTSTATUSBERICHT	
Projekttitel:	... *Online-Shop*
Projektleiter/in:	... *Frau Braun*
Datum:	... *21.02.20..*
Berichtszeitraum:	Vom ... *14. Februar 20.. bis 21. Februar 20..*
Status:	☐ kritisch ☒ teilweise kritisch ☐ planmäßig
Kurzbeschreibung des Projektstatus:	*Zurzeit wird das Sortiment des Online-Shops zusammengestellt.* *Herr Buderbach ist voraussichtlich für drei Wochen erkrankt.* *Die eingehenden Angebote sind zu prüfen und der geplante Messebesuch in der kommenden Woche muss vorbereitet werden.*
Erreichte Qualität:	■ *Eingang zahlreicher Angebote, welche für die Primus GmbH von Interesse sind.* ■ *...*
Bisherige Kosten:	■ *im Plan* ■ *...*
Status der Termine:	■ *bisher im Plan lt. Projektablaufplan* ■
Nächste Schritte/ Meilensteine:	■ *Messebesuch* ■ *Angebote vergleichen* ■ *...*
Notwendige/ anstehende Entscheidungen:	■ *Wer übernimmt die Aufgabe von Herrn Buderbach während dessen Krankheit?* ■ *Anpassung der Zeitleiste*
Unterschrift Projektleitung **Sabine Braun**	**Unterschrift Auftraggeber**

6 Kopiervorlage

PROJEKTÄNDERUNGSANTRAG	
Projekttitel:	
ProjektleiterIn:	
Datum:	
Kurzbeschreibung Änderungsgrund:	
Vorgeschlagene Änderungen:	■ ... ■
Auswirkung auf die Projektqualität:	■ ... ■ ...
Auswirkung auf die Projektkosten:	■ ... ■ ...
Auswirkungen auf den Projektablauf:	■ ... ■ ...
Sonstige relevante Informationen:	
Entscheidung	
Einreichung Projektänderungsantrag:	 _____ Datum, Unterschrift Projektleiter
Änderungsentscheidung:	☐ Die Änderung wird bewilligt. ☐ Die Änderung wird unter der Einhaltung folgender Auflagen bewilligt: 　■ 　■ ☐ Die Änderung wird abgelehnt. Begründung: 　■ 　■ _____ Datum, Unterschrift Auftraggeber

Individuelle Lösung.
Beispiel

PROJEKTÄNDERUNGSANTRAG	
Projekttitel:	... *Online-Shop*
ProjektleiterIn:	... *Frau Braun*
Datum:	... *21.02.20..*
Kurzbeschreibung Änderungsgrund:	*Herr Buderbach ist voraussichtlich für drei Wochen erkrankt. Die eingehenden Angebote sind zu prüfen und der geplante Messebesuch in der kommenden Woche muss vorbereitet werden.*
Vorgeschlagene Änderungen:	■ *Frau Braun übernimmt den Besuch der Messe und holt dort weitere Angebote ein* ■ *Frau Kowlowski übernimmt die Auswertung der eingehenden Angebote und bereitet eine Artikelvorauswahl vor, um die Entscheidungsprozesse vorzubereiten, bis Herr Buderbach wieder gesund ist.*
Auswirkung auf die Projektqualität:	■ *Keine* ■ ...
Auswirkung auf die Projektkosten:	■ *... ggf. Überstunden die zu begleichen sind* ■ ...
Auswirkungen auf den Projektablauf:	■ *... keine* ■ ...
Sonstige relevante Informationen:	
Entscheidung	
Einreichung Projektänderungsantrag:	**21. Februar 20.., Sabine Braun** Datum, Unterschrift Projektleiter
Änderungsentscheidung:	☐ Die Änderung wird bewilligt. ☐ Die Änderung wird unter der Einhaltung folgender Auflagen bewilligt: ■ ■ ☐ Die Änderung wird abgelehnt. Begründung: ■ ■ _____ Datum, Unterschrift Auftraggeber

7 Mögliche Lösung:

1. Projektanbahnung und Planung
  1.1 Problembeschreibung
  1.2 Ursache-Wirkungs-Analyse
  1.3 Projektziele
  1.4 Projektauftrag
  1.5 Beschreibung der Projektorganisation
  1.6 Projektpläne
      1.6.1 Projektstrukturplan
      1.6.2 Kostenplan
      1.6.3 Ressourcenplan
  1.7 Risikoanalyse

2. Projektdurchführung
  2.1 Protokolle der Projektteam-Besprechungen
  2.2 Projektstatusberichte
  2.3 Projektänderungsanträge

3. Projektabschluss
  3.1 Präsentationsunterlagen
  3.2 Projektabschlussbericht

8 Mögliche Lösung:

Dokument	Möglicher Adressat/mögliche Adressaten
Ursache-Wirkungs-Analyse	Projektteam
Projektziele	Projektteam
Projektauftrag	Auftraggeber, Projektteam
Projektstrukturplan	Auftraggeber, Projektteam
Kostenplan	Auftraggeber, Projektteam
Protokolle der Projektteam-Besprechungen	Projektteam
Projektstatusbericht	Auftraggeber, Projektteam
Projektänderungsanträge	Auftraggeber, Projektteam
Projektabschlussbericht	Auftraggeber, Projektteam, ggf. interessierte Außenstehende

9 Individuelle Lösungen.
Mögliche Lösungsansätze:
- ■ Mitarbeitergespräche zwischen Projektleitung/Geschäftsführung mit entsprechenden Zielvereinbarungen.
- ■ Erörterung und Analyse im Rahmen von Projektteam-Besprechungen (Vorsicht: Oftmals werden die „eigentlichen Punkte" bei solchen Gelegenheiten nicht offen angesprochen – Eisberg.)
- ■ Bei schwerwiegenden Fällen: – Abmahnung des Mitarbeiters
  – Freisetzung des Mitarbeiters und Ersatz durch eine andere Person

2.4 Projekte abschließen

Lehrbuch Seiten 372, 373

Handlungssituation
- ■ – Frau Koslowski vermisst in erster Linie ein klares Feedback in Bezug auf die von ihr geleistete Arbeit. Oftmals sind Mitarbeiter durchaus bereit, eine hohe Arbeitsbelastung zu tragen. Zu Missmut führt dies jedoch, wenn eine entsprechende Würdigung ausbleibt.
  – Die Mitarbeiter der Primus GmbH fühlen sich nicht ausreichend informiert. Dies führt zu Unmut und Akzeptanzproblemen in Bezug auf das Projekt.
  – Aus Herrn Müllers Sicht fehlt ein entsprechender Projektabschluss, der Erfahrungen aufgreift und für weitere Projekte nutzbar werden lässt.
- ■ Individuelle Lösung. **Mögliche Antworten:**
  – Würdigung des Projektes und der geleisteten Arbeit durch die Projekt- und Geschäftsleitung.
  – Informationen für die anderen Mitarbeiter zum Projekt Online-Shop, z. B. Projektpräsentation, Eröffnungsfeier Online-Shop, usw.
  – Projektreflexion und Projektevaluation
- ■ – Projektauftrag,
  – Ergebnisse der Projektreflexion und Projektevaluation,
  – Darstellung der Projektergebnisse,
  – Entlastung und Auflösung des Projektteams.

Lehrbuch Seite 378

1 Der **Projektabschluss** ist der **offizielle Schlusspunkt** eines Projektes und sollte aktiv begangen werden. Unterbleibt dies, so werden die Projektergebnisse nicht vorgestellt und die offizielle Phase der Projektarbeit wird nicht abgeschlossen. Zudem wird versäumt, ein Resümee zu ziehen, um aus den gemachten Erfahrungen zu lernen und die Mitglieder des Projektteams zu entlasten. Die Abschlussphase sollte deshalb in jedem Projekt – erfolgreich oder nicht – ein fester Bestandteil sein. Auch haben alle Beteiligten des Projektteams viel Energie in den Aufbau des Teams und in ihre Arbeit investiert und zwischen den verschiedenen Personen sind Beziehungen entstanden. Die Auflösung des Teams bedeutet immer auch Abschied nehmen. Dieser Abschied sollte bewusst vorgenommen werden, beispielsweise durch eine gemeinsame Rückschau im Projektteam.

2	**Schwerpunkte der Projektorganisation für verschiedene Zielgruppen**		
Geschäftsleitung der Primus GmbH	**Kunden des Online-Shops**	**Mitarbeiter der GmbH**
▪ Neues Sortiment des Online-Shops ▪ Abläufe im Online-Shop ▪ Erfahrungen mit dem Projekt ▪ Auswertung der Reflexion und Evaluation	▪ Neues Sortiment des Online-Shops ▪ Bestellabläufe	▪ Neues Sortiment des Online-Shops ▪ Abläufe im Online-Shop ▪ Erfahrungen mit dem Projekt

3 Individuelle Lösung.

4 Individuelle Lösung.
Beispiel Fragebogen

Liebe Mitarbeiter des Projektteams,

es gehört bereits zum Alltag in unserem Unternehmen, dass wir die Qualität kontrollieren. Dies betrifft zum einen die von uns vertriebenen Produkte und zum anderen die Qualität der von uns geleisteten Arbeit. So kennen viele von Ihnen bereits unsere innerbetrieblichen Beurteilungen, die Ihnen die Einschätzung Ihrer Leistungen erleichtern. Seit einiger Zeit ist es in vielen Betrieben üblich, dass auch mal die Vorgesetzten beurteilt werden, und zwar von ihren Mitarbeitern. Dadurch soll die Führungseffektivität und -qualität gesteigert werden, indem dem Vorgesetzten signalisiert wird, wo seine Stärken liegen und wo er noch an sich arbeiten muss. Zudem ist es mir ein Anliegen, unsere Erfahrungen der Zusammenarbeit im Projektteam zu evaluieren, um daraus Rückschlüsse für weitere Projekte in unserem Haus zu ziehen. Deshalb bitte ich Sie, den folgenden Bogen ehrlich und nach Möglichkeit ausführlich zu beantworten.
Vielen Dank!

Ihre
Sabine Braun

	Aussagen zur Projektleitung	Stimme voll zu	Stimme zu	Stimme teilweise zu	Stimme eingeschränkt zu	Stimme nicht zu
1	Ist fachlich fit und versteht viel von den Projektinhalten.					
2	Ist stets gut vorbereitet.					
3	Die Arbeitsanweisungen sind klar und verständlich.					
4	Hat die Projektabläufe stets im Blick und weiß, was geschieht.					
5	Kann die Projektmitarbeiter anspornen und motivieren.					
6	Hält sich an getroffene Absprachen.					
7	Gibt dem Projektteam Rückmeldung/Feedback.					
8	Präsentiert das Projekt angemessen nach außen.					
9	Erkennt Konflikte im Projektteam.					

Wenn Sie möchten, können Sie hier nun Ihre Beurteilungen kommentieren.

Aussage Nr.	Mein Kommentar

Kollegialität und Kooperation im Projektteam		
Was ich vorschlage, wird vom Projektteam immer positiv aufgenommen.	① ② ③ ④ ⑤	Was ich vorschlage, wird vom Projektteam immer ignoriert.
Ich fühle mich im Projektteam so wohl, dass ich von Fehlern berichten kann.	① ② ③ ④ ⑤	Ich habe Hemmungen im Projektteam von Fehlern zu erzählen, die mir unterlaufen sind.
Unser Projektteam ist fähig, Konflikte offen auszutragen.	① ② ③ ④ ⑤	Unser Projektteam ist nicht fähig, Konflikte offen auszutragen.
Unser Projektteam hat einen starken inneren Zusammenhalt.	① ② ③ ④ ⑤	Unser Projektteam hat keinerlei inneren Zusammenhalt.
Die Atmosphäre im Projektteam ist sehr kollegial.	① ② ③ ④ ⑤	Die Atmosphäre im Projektteam ist feindselig.
Raum für zusätzliche Anmerkungen:		

Lehrbuch Seiten 378, 379

Übungsaufgaben (Arbeitsaufträge für ein eigenes Projekt)

1–25 Individuelle Lösungen.

Hinweise
Die Arbeitsaufträge 1 bis 25 leiten die Schüler bei der Planung, Durchführung und Auswertung eines eigenen Projektes. Die folgenden Hinweise sollen den projektorientierten Unterricht theoretisch einordnen und liefern Hinweise für ein angemessenes Lehrerhandeln in dieser Unterrichtsform:

Handlungsorientierung und Projektunterricht

– Eine kleine theoretische Einführung –

Gliederung

- Prinzipien eines handlungsorientierten Lernverständnisses

- „Handlungsorientierte" Methoden

- Strukturmerkmale des Projektunterrichts

- Phasen im Projektunterricht

Dimensionen/Prinzipien eines handlungsorientierten Lernverständnisses

■ **Lernen zum Handeln**
Die (berufliche) Wirklichkeit bzw. deren Bewältigung ist Ausgangspunkt und Zielgröße von Bildungsprozessen.

<u>**Prinzip der Praxisorientierung**</u>
(Handlungskompetenz als Ziel)

■ **Lernen als Handeln**
Lehr-/Lernprozesse sind derart zu gestalten, dass eine vollständige Lernhandlung (Planen, Ausführen, Reflektieren) vollzogen werden kann.

<u>**Prinzip der Tätigkeitsorientierung**</u>

■ **Lernen durch Handeln**
Lernen führt als eigenes, reflexives Handeln zum größten Erfolg.

<u>**Prinzip der Selbststeuerung**</u>

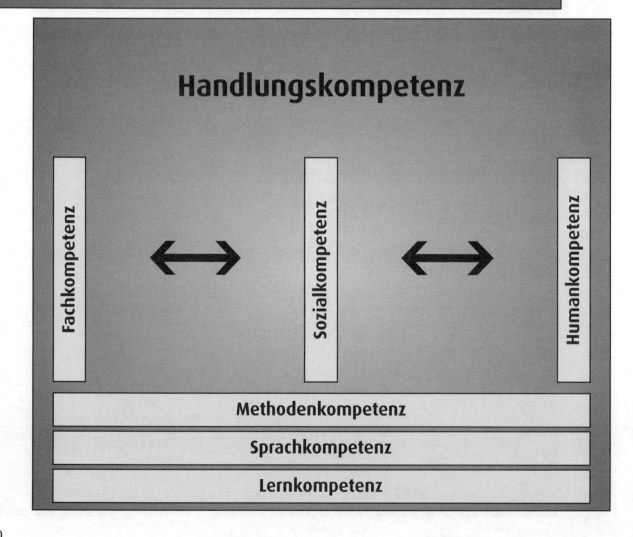

Handlungskompetenz

Fachkompetenz ⟷ Sozialkompetenz ⟷ Humankompetenz

Methodenkompetenz

Sprachkompetenz

Lernkompetenz

„Handlungsorientierte Methoden"
(im kaufmännisch/verwaltenden Bereich)

- **Komplexe Methoden**

  - Fallstudie
  - Planspiel
  - Szenario
  - Erkundung
  - Moderationszyklus
  - Zukunftswerkstatt
  - Leittext
  - Projekt
  - (...)

- **Methoden geringerer Komplexität**

  - Brainstorming
  - Brainwriting
  - Mind-Mapping
  - Kartenabfrage
  - Wandzeitung
  - Rollenspiel
  - Expertenbefragung
  - (...)

Merkmale des Projektunterrichts

- Schülerorientierung

- Wirklichkeitsorientierung

- Produktorientierung

Vgl. Manual Training School 1879

- Selbstorganisation und Selbstverwaltung

- Soziales Lernen

- Interdisziplinarität

Phasen im Projektunterricht

- **Projekt als Methode des praktischen Problemlösens**

  (1) Problembestimmung

  (2) Analyse

  (3) Sammeln von Lösungsvorschlägen

  (4) Auswahl einer Lösung

  (5) Umsetzung

  (6) Ergebnisbeurteilung

- **Projekt als ideale Methode des Lernens und Lehrens**

  (1) Projektinitiative

  (2) Auseinandersetzung mit der Projektinitiative (Projektskizze)

  (3) Gemeinsame Entwicklung des Betätigungsgebietes (Projektplan) ←

  (4) Projektdurchführung

  (5) Beendigung des Projekts

  Metainteraktion | Fixpunkte

Zur Lehrerrolle im projektorientierten Unterricht

Hier wird die Auffassung vertreten, dass der handlungs-, respektive der projektorientierte Unterricht, einer aktiven Ausfüllung der Lehrerrolle, innerhalb eines grundsätzlich selbstgesteuerten und sozial-kommunikativ ausgerichteten Lernprozesses der Schülerinnen und Schüler, bedarf.

Die Lehrerin/der Lehrer ...

- initiiert die Projektarbeit. Dabei werden den Schülerinnen und Schülern der sachliche/inhaltliche, zeitliche, organisatorische Rahmen und insbesondere die Lernziele des Projektes deutlich. Zudem wird die Bewertung der Projektarbeit transparent gemacht.
- begleitet die Gruppen in ihrer Arbeit aktiv. Das Arbeiten der Gruppen wird aktiv wahrgenommen und (auch für die Bewertung) dokumentiert. Die Lehrerin/der Lehrer achtet auf den Prozess in den einzelnen Gruppen und interveniert, wenn die Gruppe die erforderlichen Regeln der Zusammenarbeit nicht einhält oder sich inhaltlich auf unproduktiven Abwegen bewegt. Die Gruppen erhalten Zugriff auf benötigte Arbeitsmaterialien und Datenquellen.
- sorgt für Fixpunkte und Metainteraktion. Die Projektarbeit wird an geeigneten Stellen unterbrochen, um Zwischenergebnisse aus den Gruppen abzurufen, im Plenum zu würdigen und Absprachen für die Weiterarbeit zu treffen. So wird auch für die notwendige Dokumentation der Projektarbeit gesorgt.
- sorgt für „Bedeutsamkeit" der geleisteten Arbeit. Die Ergebnisse der Projektarbeit verdienen in der Regel eine höhere Aufmerksamkeit, als dies in reinen Präsentationen in der Klasse der Fall ist. Daher ist es häufig angemessen, frühzeitig für eine größere Zielgruppe (Schüler anderer Klassen, z. B. aus dem Vollzeitbereich; duale Partner, z. B. im Ausbilderarbeitskreis) zu sorgen und der Projektarbeit bzw. deren Präsentation Gewicht zu verleihen.

Abschlussprüfungen

1. Wirtschafts- und Sozialkunde
100 Punkte – 60 Minuten

Lehrbuch Seiten 380 bis 385

1 2.	**13** 5.	**25** 3.			
2 3.	**14** 3.	**26** 4., 5.			
3 3.	**15** 2., 5.	**27** 5., 6.			
4 5.	**16** a) 2 b) 4 c) 1	**28** a) 5, b) 3, c) 4, d) 1, e) 2.			
5 3.	**17** 5.	**29** 1.			
6 4.	**18** a) 2 b) 5 c) 3	**30** 1.			
7 10	**19** 4.				
8 2.	**20** 5.				
9 5.	**21** 4.				
10 3.	**22** 3.				
11 2.	**23** 3.				
12 3.	**24** 4.				

2. Kaufmännische Steuerung und Kontrolle
100 Punkte – 90 Minuten

Lehrbuch Seiten 386 bis 393

1. Aufgabe (14 Punkte)

				P
a)	aa)	101	an 801	1
			an 181	
	ab)	462		1
		141	an 171	
	ac)	101	an 801	1
			an 181	
	ad)	806		1
		181	an 101	
	ae)	131		2
		808		
		181	an 101	
b)	ba)	70,71 EUR		2
	bb)	36,73 %		2
	bc)	18.374,57 EUR		2
	bd)	3.464,56 EUR		2

2. Aufgabe (9 Punkte)

				P
a)	aa)	301		1
		141	an 171	
	ab)	171	an 131	2
			an 308	
			an 141	
b)	ba)	138,54 EUR		2
	bb)	1.052,92 EUR		2
	bc)	20,41 %		2

3. Aufgabe (9 Punkte)

				P
a)	aa)	114	an 131	1
	ab)	113	an 151	1
	ac)	401	an 131	2
			an 191	
			an 192	
		404	an 192	1
	ad)	191		2
		404	an 131	
b)		100.440,00 EUR		2

4. Aufgabe (14 Punkte)

			P
a)	aa)	225.400,00 EUR	2
	ab)	31,35 EUR	2
	ac)	297,20 EUR	2
	ad)	18.783,33 EUR	2

b)   ba)   031   1

             141   an 171

      bb)   473   1

             141   an 151

      bc)   171   an 131   2

                     an 031

                     an 141

      bd)   131   an 101   1

      be)   491   an 031   1

5. Aufgabe (11 Punkte)

			P
a)	aa)	6.500.000,00 EUR	2
	ab)	9 %	2
	ac)	50,15 %	2
	ad)	9,9 %	2
	ae)	22,2 %	2
b)		bc	1

6. Aufgabe (6 Punkte)

		P
a)	30 %	2
b)	65,7 %	2
c)	23 %	2

7. Aufgabe (12 Punkte)

a)   aa)

1	2	5	7	P 1

      ab)

3	4	6	1

b)

2	5	4	1	6	3	1

c)   301   1

      141   an 171

d)	da)	26.267,61 EUR	2
	db)	18,5 %	2
	dc)	171 an 131	2

                     an 308

                     an 141

      dd)   107,54 EUR   1

e)

T	T	M	M	J	J	J	J
3	1	1	2	2	0	1	7

8. Aufgabe (11 Punkte)

			P
a)	aa)	136,00 EUR	2
	ab)	275,27 EUR	2
b)	ba)	75 %	2
	bb)	1,750	1
	bc)	5,92 %	2
	bd)	2,9 %	2

9. Aufgabe (8 Punkte)

			P
a)	2	6	1
b)	1	5	1
c)	1	3	1
d)	1	3	1
e)	4	5	1
f)	2	4	1
g)	1	3	1
h)	4	5	1

10. Aufgabe (6 Punkte)

			P
a)		106.250,00 EUR	1
b)		160.000,00 EUR	1
c)	ca)	172.000,00 EUR	1
	cb)	154.800,00 EUR	1
d)	da)	2.500,00 EUR	1
	db)	5.400,00 EUR	1

3. Großhandelsgeschäfte
100 Punkte – 180 Minuten

Lehrbuch Seiten 394 bis 398

I. Situationsaufgabe (60 Punkte)
1. Aufgabe (9 Punkte)
a) aa) ■ Sie gibt dem/der Einkaufssachbearbeiter/in darüber Auskunft, welcher Stammlieferer im speziellen Bedarfsfall die gewünschte Ware führt.
Ferner kann mithilfe dieser Datei überprüft werden, ob man den richtigen Lieferanten für den zu beschaffenden Artikel ausgewählt hat.

   ab) ■ Mit ihrer Hilfe erfolgt eine zeitnahe Erfassung und Fortschreibung der Warenbewegungen.
Somit ist es jederzeit möglich, den mengen- und wertmäßigen Bestand an Lager festzustellen.
     ■ Da der Istbestand bzw. der verfügbare Bestand mit den kritischen Lagerwerten verglichen werden kann (z. B. dem Mindestbestand, dem Meldebestand und dem Höchstbestand), können bei Unter- bzw. Überschreitungen ggf. Maßnahmen ergriffen werden.

   ac) ■ Die meisten Warenwirtschaftssysteme bieten heute bei Unterschreitung des Meldebestandes Bestellvorschlagssysteme an, die die möglichen Bestellungen zunächst in einer Bestellvorschlags-liste erfassen.
Der/die Einkaufssachbearbeiter/in kann jetzt entscheiden, ob überhaupt eine Bestellung beim ent-sprechenden Lieferer durchgeführt werden soll (z. B. bei Auslaufmodellen, Nachfragewechsel, häu-figen Störungen im Rahmen der Vertragserfüllung durch den Stammlieferer).

b) ■ ... überschreitet regelmäßig die vereinbarten Lieferzeiten.
Qualitätsmängel der Büromöbel vom ...; problemlose Ersatzlieferung
... zeigte sich bei einer kurzfristigen Skontofristüberschreitung am ... wenig kulant und verlangte die Nachzahlung des in Abzug gebrachten Skontobetrages.
  ■ Die Lieferzeiten werden exakt eingehalten.
  ■ Die Qualität der Bürogeräte ist stets ausgezeichnet.

2. Aufgabe (12 Punkte)
a) 6.350 : 4 = 1.587,5; aufgerundet 1.588 Stück
b) 9.000 : 1.587,5 = 5,67 mal
c) 360 : 5,67 = 63 Tage (auch 64 richtig bei Speicherung des ungerundeten Ergebnisses unter b) und der kaufmännischen Rundung)
d) 9.000 : 75 = 120 Stück
e) 1.000 + 120 × 7 = 1.840 Stück
f) 120 %

3. Aufgabe (6 Punkte)
a) 3.250 + 250 = 3.500 Stück
normale Bestellmenge = Höchstbestand − Mindestbestand = 3.750 − 500 = 3.250 plus Unterschreitung des Mindestbestandes von 500
Andere Lösung mit entsprechender Begründung ebenfalls akzeptieren.
b) 3.500 × 5 = 17.500,00 EUR (oder Lösung a) × 5)
c) 7. 4. 20.., auch richtig 09.04. (wenn Sa/So innerhalb der 7 Tage unterstellt wird).

4. Aufgabe (6 Punkte)
a) Lager: Liefertermin, um termingerecht Platz für die neue Lieferung zu schaffen
b) Verkauf: Liefertermin für Terminzusagen an die Kunden
c) Finanzabteilung: Zahlungstermin wegen termingerechter Bereitstellung der liquiden Mittel

5. Aufgabe (12 Punkte)
a)

	3.500 · 5		3.250 × 5
=	17.500,00 EUR	=	16.250,00 EUR
−	875,00 EUR 5 % Rabatt		−
	16.625,00 EUR		
−	332,50 EUR 2 % Skonto	−	325,00 EUR 2 % Skonto
	16.292,500 EUR		15.925,00 EUR
	4,66 EUR/Stück		4,90 EUR/Stück

Aufgrund der geänderten Bedingungen ermäßigt sich der Bezugs-/Einstandspreis bei einer Bestellung von 3.500 Stück um 34 Cent je Stück, bei einer Bestellung von 3.250 Stück um 10 Cent je Stück.
Die unter Aufgabe 3 angegebenen Bestellmengen können also unter wirtschaftlichem Aspekt aufrecht erhalten werden.

Allerdings muss hinzugefügt werden, dass die Bestellung von 3.500 Stück wegen des jetzt eingeräumten Rabatts auf jeden Fall wirtschaftlich sinnvoller ist. Auch andere Lösungen, die folgerichtig im Zusammenhang mit Aufgabe 3 begründet werden, müssten akzeptiert werden.

b) $p = \dfrac{2 \cdot 100 \cdot 360}{98 \cdot 13} = 56,5\,\% > 10\,\%$ banküblicher Zinssatz, also vorzeitige Zahlung abzüglich Skonto

c) gesetzliche Regelung: sofortige Zahlung kann verlangt werden (§ 271 BGB)

d) da) ■ Bei der gesetzlichen Regelung liegen Erfüllungsort und Gerichtsstand beim jeweiligen Schuldner (Waren- bzw. Geldschuldner).
- ■ Der jetzt einzelvertraglich vereinbarte Erfüllungsort und Gerichtsstand befindet sich für beide Teile in Leipzig.

db) – Vormals war es für die Primus GmbH ausreichend, die Geldschuld am letztmöglichen Zahlungstag zu begleichen.
Nunmehr muss das Geld am letztmöglichen Zahlungstag schon in Leipzig sein, um nicht in Zahlungsverzug (Nichtrechtzeitigzahlung) zu geraten.
Bei evtl. Streitigkeiten hinsichtlich der Geldschuld müsste die Primus GmbH beim Leipziger Amtsgericht (bzw. dem entsprechenden Landgericht) Klage erheben – statt wie bisher bei einem Duisburger Gericht.
Das wäre für die Primus GmbH viel zeitaufwendiger und kostenintensiver.
– Zudem ist der eigene Anwalt i. d. R. beim dortigen Amtsgericht/Landgericht nicht zugelassen.

e) ■ Nein, da zwischen Bestellung und Auftragsbestätigung ein offener Dissens besteht.
■ U. U. ja, wenn bisher Bedingungsänderungen auf diesem Weg stillschweigend hingenommen wurden.
Die jeweils begründete Lösung ist zu akzeptieren.

6. Aufgabe (8 Punkte)

a) aa) ■ Die Druckertische könnten u. U. günstiger angeboten werden, da in der Primus GmbH Kosten wegfallen (Warenannahme, Lagerung, Kommissionierung).
- ■ Die Gewinnspanne könnte bei gleichem Listenverkaufspreis größer werden.
- ■ Eine schnellere Kundenbelieferung könnte gewährleistet werden.
- ■ Umladerisiken sind nicht gegeben.

ab) ■ Die Sachsonia Versicherung AG könnte u. U. die Bezugsquelle des Lieferanten der Primus GmbH herausfinden.
- ■ Der direkte Kundenkontakt könnte eingeschränkt werden.
- ■ Weil die Warenkontrolle wegfällt, kann die Qualität nicht immer zugesichert werden. Dadurch sind Kundenverärgerung und -verluste möglich.

b) 70 × 3 = 210,00 EUR
220 Stück = Staffel 201 bis 400 Stück
PLZ 30159 = Frachtzone 3
22 × 70,00 = 1.540,00 EUR

7. Aufgabe (7 Punkte)

a) ■ Fälligkeit ist gegeben
■ Verschulden ist gegeben
■ Mahnung ist nicht erforderlich

b) ba) ■ **Nachfrist setzen**
Nach Ablauf der Nachfrist wahlweise
– Ablehnung der Lieferung und Rücktritt vom Vertrag
– Schadenersatz statt der Leistung oder Ersatz vergeblicher Aufwendungen
■ **ohne Nachfristsetzung**
– Lieferung verlangen
– Lieferung und Schadenersatz wegen verspäteter Lieferung

bb) Schadenersatz statt Lieferung (Deckungskauf + Schadenersatz der Mehraufwendungen)

II. Sprachlicher Teil (25 Punkte)

■ Hinweis auf die Auftragsbestätigung
■ Ausdruck der Enttäuschung über die Nichtrechtzeitig-Lieferung
■ Angemessene Nachfristsetzung
■ Androhung rechtlicher Konsequenzen (Deckungskauf und Mehrpreisberechnung)
■ Ausdruck der Hoffnung auf fristgemäße Lieferung, um die bestehenden guten Geschäftsbeziehungen zu erhalten
■ Grußformel

III. Außenhandelsgeschäfte (15 Punkte)

1. Aufgabe (4 Punkte)

■ Teillieferungen müssen erlaubt sein
■ Zahlung nach jeweiliger Teillieferung
■ Hinweis auf zweiten Liefertermin
■ Hinweis auf Kosten

2. Aufgabe (7 Punkte)

a) Hierbei bestätigt der Verfrachter (Reeder), dass die Ware verschifft wurde (und nicht nur zur Verschiffung übernommen wurde).
Das Konnossement selbst ist ein Versandpapier, das in der Seeschifffahrt vorkommt.

b) ■ Beweispapier   ■ Verfügungspapier
   ■ Legitimationspapier   ■ Traditionspapier
   Eine dieser Funktionen muss erklärt werden.

3. Aufgabe (4 Punkte)

a) Die Primus GmbH
   ■ trägt sämtliche Transportrisiken von Duisburg bis auf das Schiff in Antwerpen
   ■ hat alle Kosten und Risiken der Ausfuhrabfertigung zu tragen
   ■ hat auf Kosten und Risiko des Käufers ein reines Bordkonnossement bereitzustellen.

b) Die Primus GmbH
   ■ trägt die Transportkosten von Duisburg bis auf das Schiff in Antwerpen
   ■ hat die werkseitigen Prüfkosten der Ware zu übernehmen
   ■ hat den Käufer von der Verladung unverzüglich zu benachrichtigen
   ■ hat ein reines Versanddokument über den Nachweis der An-Bord-Nahme (Mate's Receipt) zu beschaffen
   ■ hat die erforderlichen Ausfuhrdokumente zu beschaffen